O CICLO DO NATAL

Coleção Tabor

- *Celebrar a Eucaristia: tempo de restaurar a vida* –
  Valeriano Santos Costa
- *Encontro com Deus na liturgia* – Valeriano Santos Costa
- *Liturgia das Horas: celebrar a luz pascal sob o signo da luz do dia* –
  Valeriano Santos Costa
- *O ciclo do Natal* – Bruno Carneiro Lira
- *Tempo e canto litúrgicos* – Bruno Carneiro Lira
- *Tríduo pascal: espiritualidade e preparação orante* –
  Antonio Francisco Lelo

Bruno Carneiro Lira

O CICLO DO NATAL
Celebrando a encarnação do Senhor

Paulinas

Dados Internacionais de Catalogação na Publicação (CIP)
(Câmara Brasileira do Livro, SP, Brasil)

Lira, Bruno Carneiro
   O ciclo do Natal : celebrando a encarnação do Senhor
/ Bruno Carneiro Lira. – São Paulo : Paulinas, 2010. –
(Coleção tabor)

   ISBN 978-85-356-2684-1

   1. Advento 2. Ano litúrgico 3. Celebrações litúrgicas 4. Igreja Católica - Liturgia 5. Natal - Celebrações 6. Ritos e cerimônias I. Título. II. Série.

10-07078   CDD-264.0272

Índice para catálogo sistemático:
   1. Natal : Celebrações litúrgicas :
Igreja Católica : Cristianismo   264.0272

2ª edição – 2011
1ª reimpressão – 2016

Direção-geral: *Flávia Reginatto*
Editores responsáveis: *Vera Ivanise Bombonatto e Antonio Francisco Lelo*
Copidesque: *Anoar Jarbas Provenzi*
Coordenação de revisão: *Marina Mendonça*
Revisão: *Leonilda Menossi e Sandra Sinzato*
Direção de arte: *Irma Cipriani*
Assistente de arte: *Sandra Braga*
Gerente de produção: *Felício Calegaro Neto*
Capa e diagramação: *Telma Custodio*
Fotos: *Arquivo Paulinas*

Nenhuma parte desta obra pode ser reproduzida ou transmitida por qualquer forma e/ou quaisquer meios (eletrônico ou mecânico, incluindo fotocópia e gravação) ou arquivada em qualquer sistema ou banco de dados sem permissão escrita da Editora. Direitos reservados.

Paulinas
Rua Dona Inácia Uchoa, 62
04110-020 – São Paulo – SP (Brasil)
Tel.: (11) 2125-3500
http://www.paulinas.org.br
editora@paulinas.com.br
Telemarketing e SAC: 0800-7010081
© Pia Sociedade Filhas de São Paulo – São Paulo, 2010

Aos amigos
Dom Severino Batista de França, ofmcap,
bispo de Nazaré, e
Ir. Maria Regina Menezes, osb,
pelo exemplo de simplicidade e amor
que têm à Sagrada Liturgia.

E, ainda, a Dr. George Leal Júnior,
Dr. Alexandre Ferraz, Paulo Rodrigo dos Santos,
Ângela Gallo, Maurício Saraiva,
Nilza Quintino e Maria Helena Lafayette,
com suas famílias, pelas constantes gentilezas.

Quando um profundo silêncio
envolvia todas as coisas
e a noite estava no meio de seu curso,
a vossa Palavra onipotente, Senhor,
desceu de seu trono real.
(Sb 18,14-15)

Introdução

Pensando em aprofundar o que já refletimos sobre a Sagrada Liturgia em nosso volume: *Tempo e canto litúrgicos* (São Paulo: Paulinas, 2008), tentaremos, agora, meditar, de maneira mais detalhada, sobre o ciclo do Natal do Senhor, sua preparação, celebração e vivência.

Tendo como público-alvo o Povo de Deus que deseja aprender mais sobre o sentido dos diversos tempos litúrgicos para celebrar, de modo consciente, o Mistério de Cristo no tempo, levamos em consideração, nesta obra, os aspectos bíblicos, teológicos, históricos, litúrgicos e pastorais ao refletirmos sobre os textos escolhidos para esse tempo.

A Igreja se caracteriza como assembleia reunida na caridade de Cristo. Essa reunião faz os cristãos, desde os primórdios, sempre estarem presentes, no Dia do Senhor, em torno da mesa. A segunda apologia de São Justino nos aponta para o dia do sol, que na semana planetária é o domingo. Nesse dia os cristãos se reuniam para ouvir a Palavra de Deus; escutar sua reflexão, feita por aquele que preside; fazer orações comunitárias e oferecer o Santo Sacrifício Eucarístico. O Ano Litúrgico é, portanto, orientado para os domingos, que se constituem como verdadeiros núcleos (pilares) para as celebrações (cf. *Sacrosanctum Concilium*, n. 6).

Com intuito didático, dividimos a presente obra em três capítulos. O primeiro deseja refletir sobre o Tempo do Advento em suas duas partes marcantes: o Advento escatológico (primeira parte) e o Advento histórico (a Semana Santa do Natal), aprofundando os textos eucológicos, antífonas e lições. Desde os primórdios, o Tempo do Advento é visto como de alegre expectativa para a celebração dessas duas vindas de Cristo. A Igreja, com toda a confiança, espera encontrar-se com o seu Senhor. Apresentaremos, ainda, nesse capítulo, o Santoral para o Advento.

O capítulo seguinte versa sobre a celebração do Natal propriamente dito, enfatizando as quatro missas do Natal (da Vigília, da Noite, da Aurora e do Dia), como também meditando textos da Liturgia das Horas. Essas missas constituem-se de maneira tal que as três primeiras versam sobre a historicidade do nascimento do Filho de Deus, e a do Dia celebra o Natal teológico, ou seja, a encarnação do Verbo que já existia desde a criação do mundo (cf. Jo 1,18).

O terceiro capítulo busca aprofundar a vivência do Natal em suas várias partes: Oitava do Natal, Tempo do Natal antes e depois da Epifania, a solenidade da Epifania do Senhor, as festas do Batismo e da Apresentação do Senhor no Templo. A Oitava do Natal tem uma característica especial, pois ela se inicia com um Santoral digno de nota: as festas de Santo Estêvão, de São João Evangelista e dos Santos Inocentes. Quanto a estes últimos, entendemos de imediato o motivo de estarem na Oitava do Natal. Mas por que a presença dos dois primeiros nesse momento da Liturgia, já que testemunharam o Cristo após a ressurreição gloriosa? Os dias seguintes a esse Santoral são chamados dias na Oitava do Natal. A festa da Sagrada Família é celebrada no domingo dentro da oitava, a não ser que o Natal ocorra em um domingo. Nesse caso, a festa será sempre celebrada no dia 30 de dezembro. O dia 1º de janeiro, a Oitava do Natal, celebra a solenidade da Santa Mãe de Deus, evocando a maternidade fecunda de Maria e a imposição do nome de Jesus, conforme o costume judaico de no oitavo dia fazer a circuncisão.

No Brasil, a solenidade da Epifania do Senhor localiza-se no domingo entre os dias 2 e 8 de janeiro, sendo que, quando ocorre em 7 ou 8 de janeiro, a festa do Batismo do Senhor será celebrada logo na segunda-feira seguinte. O Tempo do Natal antes e depois da Epifania caracteriza-se por hinos e antífonas próprias para o tempo, sempre com temas natalinos e epifânicos. Quando a Epifania ocorre até o dia 6 de janeiro, no domingo seguinte celebra-se o Batismo do Senhor, o qual já corresponde ao 1º Domingo do Tempo Comum. Assim, nunca temos textos próprios do referido tempo para esse domingo. O mesmo acontece com o final do Ano Litúrgico, quando o 34º Domingo Comum cede lugar à Solenidade de Cristo Rei do Universo. A Apresentação do Senhor no Templo, para ser fiel ao dado escriturístico, é celebrada quarenta dias após o Natal, já dentro do Tempo Comum, mas é como um complemento do ciclo do Natal, pois vê-se cumprida a promessa do Pai no hino que o velho Simeão proclama, tendo o Menino Jesus nos braços: "Agora, Soberano Senhor, podeis deixar o vosso servo ir em paz, porque meus olhos viram a vossa salvação, que preparastes diante de todos os povos: luz para iluminar as nações e glória de Israel, seu povo" (Lc 2,29-32).

Finalmente, nas considerações finais, damos sugestões para uma melhor prática desse ciclo do Ano Litúrgico que celebra a Encarnação do Filho de Deus em nossa história e sua esperada volta no final dos tempos.

É nosso desejo que cada coração se volte mais para Deus e que nossas celebrações anuais sejam mais bem participadas, pois só assim poderemos oferecer o perfeito canto de louvor à Santíssima Trindade.

Aprofundar a Encarnação do Senhor, nesse período litúrgico, faz com que nossos corações se voltem para a meditação do Antigo Testamento, tempo de advento, de espera. Com a queda do pecado original, o ser humano mergulhou nas trevas e o Criador começou a preparar, através dos patriarcas e dos profetas, a vinda do Redentor. O profeta Isaías proclama com segurança a proximidade da vinda do Messias e o modo como este salvaria a humanidade. Essa certeza no esperar também está presente nos Salmos, que cantam: "O Senhor me disse: 'Tu és meu Filho, hoje eu te gerei'" (Sl 2 e Introito da Missa da Noite do Natal); "O Senhor vem para salvar o seu povo, por isso se alegram céus e terra" (Sl 95).

A Igreja, mesmo hoje depois da vinda histórica, ainda vive em advento, pois continuamos à espera do Senhor, que chegará como um ladrão: no meio da noite, de madrugada, pela manhã... Compete ao Pai a hora desse retorno; quanto a nós, devemo-nos preocupar com o *como* estamos nos preparando para esse encontro. Daí a motivação de um tempo litúrgico determinado para aflorar, dentro de cada um, esses sentimentos diante do Senhor que vem.

Na própria Celebração Eucarística, logo após a consagração, a Igreja reza: "Anunciamos, Senhor, a vossa morte e proclamamos a vossa ressurreição, *Vinde, Senhor Jesus*". Portanto, é da certeza dessa espera que a Igreja sobrevive. Todas as nossas celebrações litúrgicas ou devoções particulares visam a essa preparação.

Ao atualizar, no momento litúrgico, a Encarnação do seu Senhor, a Igreja deseja despertar para uma renovação interior, a fim de que seu agir possa ser mais pautado pelos preceitos evangélicos e de que os momentos de cruz sejam assumidos como sinal de esperança no Messias, o qual sempre vem ao nosso encontro, hoje, sobretudo nos sacramentos e na pessoa do irmão.

1.

O Advento:
preparação para as vindas de Cristo

A vinda do Senhor é certa como a aurora. Tendo confiança nessa certeza, o cristão busca, constantemente, vislumbrar essa realidade, sobretudo nesse tempo forte do Advento. Atribuímos três vindas de Cristo na nossa história: uma escatológica, no final dos tempos; uma histórica, acontecida há mais de dois mil anos; e *uma vinda diária*, na pessoa do sacerdote, nos pobres, idosos, doentes e marginalizados, pela proclamação da Palavra, nos sacramentos, sobretudo o da Eucaristia, que contém a própria presença real de Jesus Cristo. Quanto à *vinda escatológica*, é um dogma de fé, crido desde cedo pela Igreja e presente na Profissão de Fé: "De onde há de vir a julgar os vivos e os mortos". Nesse sentido, Jesus nos adverte em Mc 13,33-37:

Cuidado! Ficai atentos, porque não sabeis quando chegará o momento. É como um homem que, ao partir para o estrangeiro, deixou sua casa sob a responsabilidade de seus empregados, distribuindo a cada um sua tarefa. E mandou o porteiro ficar vigiando. Vigiai, portanto, porque não sabeis quando o dono da casa vem: à tarde, à meia-noite, de madrugada ou ao amanhecer. Para que não suceda que, vindo de repente, ele vos encontre dormindo. O que vos digo, digo a todos: Vigiai! (Liturgia da Missa do 1º Domingo do Advento – Ano B).

Como vemos, é necessário vigiar. Essa é uma atitude daquele que tem certeza do encontro com o seu Senhor. Mesmo sem saber o momento, o cristão vive dessa esperança da qual a primeira parte do Tempo do Advento deseja instalar dentro de nós.

A respeito da *vinda histórica*, os próprios dados escriturísticos, sobretudo as profecias, nos indicaram: "Nascerá uma haste do tronco de Jessé e, a partir da raiz, surgirá o rebento de uma flor; sobre ele repousará o espírito do Senhor: espírito de sabedoria e discernimento, espírito de conselho e fortaleza, espírito de ciência e de temor de Deus; no temor do Senhor encontra ele o seu prazer" (Is 11,1-3a). Essa profecia realizou-se plenamente na Noite do Natal, vinda histórica do Filho de Deus em nossa carne. Ele que descende de Davi e possui uma genealogia.

As verdadeiras origens do Tempo do Advento são incertas e também as informações são poucas. Na história se observam práticas ascéticas durante o tempo de preparação para o Natal e para a vinda gloriosa de

Cristo. É tempo próprio do rito ocidental; no Oriente encontramos apenas uma rápida preparação de poucos dias que antecede a celebração do Natal.

São somente do século IV as primeiras notícias do Advento como tempo de preparação para as duas vindas de Cristo: histórica e escatológica (na Parusia). O Concílio Vaticano II optou por deixar bem marcada essas duas partes. A primeira: do 1º Domingo do Advento até o dia 16 de dezembro, inclusive, lembrando-nos da vinda gloriosa de nosso Redentor no final dos tempos. A segunda, a Semana Santa do Natal, que intensifica a preparação para a Encarnação do Verbo de Deus, entre os dias 17 a 23 de dezembro, apresentando uma liturgia bem especial.

Por determinação do Concílio de Saragoça (Espanha), que foi celebrado entre os anos de 380-381, os fiéis são convidados a participar de três semanas litúrgicas em preparação à festa da Epifania do Senhor, ou seja, a partir de 17 de dezembro. Nessa época fazia-se penitência, pois muitos se preparavam para o Batismo, que acontecia na solenidade da Epifania, visto que o mistério do Batismo de Jesus, também, é contemplado nessa festa como um acontecimento epifânico, em que o próprio Pai declara ser Jesus o Filho amado. Nesse período ainda não havia entrado nas Igrejas da Península Ibérica a celebração romana do Natal em 25 de dezembro. Posteriormente o rito espanhol se enriquece com belos textos eucológicos (orações) para esse tempo litúrgico.

a) O Advento escatológico

Essa primeira parte do Tempo do Advento convoca-nos para a vigilância diante da proximidade da vinda gloriosa do Senhor para o julgamento do mundo. Com essa temática celebramos os últimos domingos do Ano Litúrgico, o qual é coroado com a solenidade de Cristo Rei do Universo. Com o mesmo tema, entramos no novo ano da liturgia da Igreja. A ideia mais destacada nesse período é "vigiai, pois não sabemos em que dia ou hora virá o Senhor".

A experiência humana da transitoriedade da vida e suas contingências nos leva a refletir sobre essa segunda vinda parusíaca. Por isso, São Paulo nos adverte: "Enquanto temos tempo, procuremos fazer o bem"

(Gl 6,10). Fazendo o bem poderemos marcar o nosso ser aqui na terra e na vida futura, pois, se estamos aderentes à rocha, que é Cristo, não passamos, mas continuamos vivos naquele que tudo vivifica.

Deter-nos-emos, agora, na reflexão dos dois primeiros domingos do Advento. O primeiro inicia com a antífona: "A vós, meu Deus, elevo a minha alma. Confio em vós, que eu não seja envergonhado! Não se riam de mim meus inimigos, pois não será desiludido quem em vós espera" (Sl 24,1-3). Como vemos, a Igreja inicia este tempo com toda a confiança, colocando sua esperança nas mãos do Senhor, pois ele virá nos socorrer. A oração do dia pede que tenhamos o ardente desejo de possuir o reino celeste e, com nossas boas obras, corramos ao encontro de Cristo. Na primeira leitura do *Ano A*, o profeta Isaías (cf. 2,1-5) anuncia a preponderância do monte do Senhor. Ele ficará no ponto mais alto e dominará as colinas. Acabarão os combates, e todos se deixarão guiar pela luz do Senhor. O Salmo 121, realmente, constitui-se de uma resposta a este texto de Isaías. Com alegria vamos à casa do Senhor, Jerusalém, pois é de lá que nos vem a salvação. Para lá acorrem todas as nações, e a paz existirá em seus muros. Jesus encarnado é a verdadeira paz que o Pai nos deu, pois na Noite do Natal nos veio a verdadeira paz e por todo o mundo os céus destilaram mel. Na segunda leitura, São Paulo nos convoca a despertar, tendo em vista a proximidade da salvação. Se somos filhos da luz, devemos despojar-nos das obras das trevas que nos afastam de Deus: bebedeiras, comidas em excesso, orgias sexuais, brigas e rivalidades (cf. Rm 13,11-14). O Evangelho apresenta a perícope de Mt 24,37-44, que nos convoca à vigilância, já que não sabemos o momento em que o Filho do Homem voltará, pois será como nos dias do dilúvio, quando todos comiam e bebiam e foram submergidos de repente. Devemos estar preparados para encontrar o Senhor. É nessa linha de pensamento que se apresenta a oração depois da comunhão, convidando-nos, já desde agora, para abraçar as coisas do céu, que não passam, mesmo caminhando entre as coisas passageiras.

O 2º Domingo do Advento, desse mesmo ciclo de leituras, traz na oração do dia um pedido ao Senhor para que nenhuma atividade terrena possa nos impedir de correr ao encontro do Cristo. A primeira leitura (cf. Is 11,1-10) trata do messianismo iminente: "Do tronco de Jessé surgirá um rebento de uma flor; sobre ele repousará o espírito do Senhor". Os animais selvagens conviverão e mesmo a criança poderá colocar sua mão no covil das serpentes venenosas; já não haverá mortes. O profeta anuncia claramente a paz que o Messias portará com sua chegada. O Salmo 71 anuncia que em seus dias a justiça florirá, pois aquele que vem libertará o indigente e o pobre, governando o mundo com justiça. Paulo, em Rm 15, convida-nos à constância da fé; para isso temos que nos acolher uns aos outros, sobretudo os pagãos, que também são convocados à graça da fé. O Evangelho desse domingo apresenta a figura do eremita João Batista, como aquele que prega a conversão diante da proximidade do Reino de Deus; por isso devemos produzir frutos que provem nossa conversão, pois o Senhor cortará como palha e queimará aqueles que nada produzirem. A antífona de comunhão, tirada do profeta Baruc (cf. 5,5; 4,36), canta: "Levanta-te, Jerusalém, põe-te no alto e vê: vem a ti a alegria do teu Deus". Essa antífona, de certo modo, já nos prepara para o domingo da alegria — *Gaudete* — (3º Domingo do Advento), que recebe esse nome pelo fato de a antífona de entrada ser tirada da Carta de São Paulo aos Filipenses 4,4-5: "Alegrai-vos sempre no Senhor. De novo eu vos digo: alegrai-vos! O Senhor está perto". Nesse domingo a Igreja, de certo modo, já quer antecipar, no meio do Tempo do Advento, as alegrias do Natal. É, portanto, permitida a cor rosa e uma discreta decoração de rosas sobre o altar. Por isso é chamado, também, de "domingo da rosa". A oração do dia faz uma alusão direta à alegria e à proximidade do Natal, para que possamos celebrá-lo, com intenso júbilo, na solene liturgia. O profeta Isaías, nesse dia, trata da volta do exílio, dirigindo-se aos que estão desanimados. Os efeitos da intervenção divina se mostram a partir das imagens daqueles que são curados; aqui o messianismo é mais uma vez anunciado: "Então se abrirão os olhos dos cegos e se descerrarão os ouvidos dos surdos. O coxo saltará como um cervo e se desatará a língua dos mudos. Os que o Senhor salvou voltarão para casa" (Is 35,5-6a.10a). O texto conclui, justamente, cantando a alegria que brilha no rosto daqueles que voltaram do exílio, ou seja, que foram salvos; estão livres da dor e do pranto. O Salmo 145 responde, de maneira clara, a esta leitura em seu versículo 8: "O Senhor abre os olhos aos cegos, o Senhor faz erguer-se o caído, o Senhor ama aquele que é justo". A Carta de São Tiago, na segunda leitura, convoca-nos a sermos firmes no Senhor, pois sua vinda está próxima; por isso devemos ter uma atitude silenciosa, de vigília, sobretudo não murmurando, mas seguindo o modelo dos profetas, que falaram em nome do Senhor. Aliás, todos nós somos um povo profético, pois no dia de nosso Batismo fomos ungidos como sacerdotes, profetas e reis. E é com esse tema do profetismo que desembocamos no Evangelho, que volta a apresentar a figura de João Batista agora na prisão, desejando saber sobre a divindade de Jesus. Este último responde: "Ide contar a João o que estais ouvindo e vendo: os cegos recuperam a vista, os paralíticos andam, os leprosos são curados, os surdos ouvem, os mortos ressuscitam e os pobres são evangelizados" (Mt 11,4-5). Como se vê, nestes tempos fortes como o do Advento, o casamento temático das leituras é perfeito e deseja, sempre, levar-nos para o Mistério que se está para celebrar. Jesus conclui essa perícope evangélica fazendo um elogio a João e a nós: se formos humildes, menores, pequenos, seremos os maiores no Reino de Deus. A oração após a comunhão desse domingo conclui fazendo uma clara alusão a que nos preparemos, purificados dos pecados, para as próximas festas do Senhor que se aproximam.

Os três primeiros domingos do *Ano B* se arrumam da seguinte maneira: como sempre, o profeta Isaías em todos os dias do Advento abre a liturgia do 1º Domingo (B) fazendo uma oração e reconhecendo os prodígios de Deus para com o gênero humano: "Ah! Se rompesses os céus e descesses!" (Is 63,19b). O profeta clama para que o Senhor perdoe a humanidade e venha do céu libertá-la, pois Deus sempre fez tanto pelos homens. Na humildade, reconhecendo-se como folha que murcha e barro para ser moldado, o profeta chama Deus de Pai. Todo o Salmo 79, com sua antífona, canta esta confiança no Senhor: "Iluminai a vossa face sobre nós, *convertei-nos*, para que sejamos salvos!"(grifo nosso).

São Paulo, na Primeira Carta aos Coríntios, recorda aquilo que Deus operou, através de Cristo, na comunidade cristã e por isso dá graças. Toda a ação do Pai, com a primeira vinda de Cristo, confirma um compromisso de fidelidade que ocorrerá no tempo da segunda vinda. No Evangelho, São Marcos alude para o tema da vigilância, como já dissemos, muito presente nessa primeira parte do Advento. Texto esse citado e comentado no início deste capítulo.

O 2º Domingo desse ciclo de leituras apresenta, também, o profeta João Batista de maneira bem marcada. O próprio Isaías já nos prepara para o Evangelho com seu texto: "Preparai no deserto o caminho do Senhor, aplainai na solidão a estrada de nosso Deus. Nivelem-se todos os vales, rebaixem-se todos os montes e colinas; endireite-se o que é torto e alisem-se as asperezas" (Is 40,3-4). Esse texto tem sua realização plena na perícope evangélica do dia, pois o próprio João Batista toma para si essas palavras. Sendo a voz, e sem a voz não há palavra; João prepara a vinda do Senhor com um Batismo de conversão e penitência. É preciso mudança, *metanoia*, conversão de coração e de mente para receber o Senhor e se manter em sua alegria e consolo. São Pedro alude a esse tema na segunda leitura, advertindo-nos de que o tempo nos é dado como trégua para a correção de nossos vícios, pois o Senhor usa de paciência para conosco a fim de que ninguém se perca. Deveremos viver nessa esperança da vinda do Senhor, procurando ter uma vida pura e de paz para já começarmos aqui em nossa realidade os novos céus e a nova terra vislumbrados por São João Apóstolo no Apocalipse.

Mas, voltando ao tema do Evangelho, diremos ainda que o Batista mostra-se em um total gesto de humildade, anuncia ser o menor, que nem é digno de desamarrar as sandálias do Senhor, como também faz o prenúncio do verdadeiro Batismo no Espírito Santo.

Chegamos, agora, à meditação dos textos do 3º Domingo B. Dessa vez, Isaías apresenta mais uma profecia diretamente relacionada a Jesus, pois ele próprio vai posteriormente atribuir a si na Sinagoga de Nazaré: "O Espírito do Senhor está sobre mim, porque o Senhor me ungiu; enviou-me para dar a Boa-Nova aos humildes, curar as feridas da alma, pregar a redenção para os cativos e a liberdade para os que estão presos; para proclamar o tempo da graça do Senhor" (Is 61,1-2a). Por fim o profeta contempla Jerusalém como uma noiva adornada para seu noivo, por isso regozija-se com as vestes de salvação e, com toda a certeza, afirma que Deus fará germinar da terra a própria justiça diante de todas as nações. O Evangelho, em plena sintonia com o tema do Advento, mostra João falando de sua identidade. Ele não é nenhum dos profetas que ressuscitou ou reencarnou, mas é a síntese do profetismo veterotestamentário, o único a vislumbrar o objeto de suas profecias, o verdadeiro Cordeiro de Deus. Por isso mesmo identifica-se como a voz que clama no deserto. Mas é a voz firme que dá vez, cede o lugar à palavra. Ele não era a luz, mas veio para dar testemunho da Luz. A segunda leitura deste dia apresenta o texto da Primeira Carta de São Paulo aos Tessalonicenses, um texto muito próprio e especial para este domingo da alegria, pois diz: "Irmãos, estai sempre alegres!" (1Ts 5,16). Em seguida convoca-nos à oração, para a ação de graças e que se santifique todo o nosso ser, ou seja, espírito, alma e corpo, para a vinda de nosso Senhor.

No 1º Domingo do Advento do *Ano C* temos, em vez do profeta Isaías na primeira leitura, um texto de Jeremias muito condizente com o tempo litúrgico. O profeta vislumbra a vinda do Messias como um ato de fidelidade de Javé às suas promessas, pois ele fará brotar da descendência de Davi uma semente de justiça, o nome desse broto será: o Senhor é a nossa justiça. O Salmo 24 responde à primeira leitura, com toda a sintonia, evocando no versículo 9 o tema da justiça. Na segunda leitura, de São Paulo aos Tessalonicenses, encontramos um elogio e, ao mesmo tempo, uma exortação a permanecerem firmes no Senhor Jesus, vivendo em santidade para o dia da vinda do Senhor com seus santos. Essa vinda será precedida de sinais portentosos, como anuncia o Evangelho de Lucas 21,25-28:

> Haverá sinais no sol, na lua e nas estrelas. Na terra as nações ficarão angustiadas, com pavor do barulho do mar e das ondas. Os homens vão desmaiar de medo, só em pensar no que vai acontecer ao mundo, porque as forças do céu serão abaladas. Então eles verão o filho do Homem, vindo em uma nuvem com grande poder e glória. Quando estas coisas começarem a acontecer, levantai-vos e erguei a cabeça, porque a vossa libertação está próxima.

Como se vê, esse texto mostra toda a teologia da primeira parte do Tempo do Advento, ou seja, do Advento escatológico. As forças da natureza vão anunciar a volta gloriosa do Senhor. Devemos, portanto, ler os sinais dos tempos e apressar-nos, enquanto há tempo, pois nossa libertação está cada vez mais próxima. O próprio evangelista, mais adiante, nos oferece a receita para essa vigilância: evitar a gula, a embriaguez, as preocupações excessivas. Teremos, assim, uma atitude orante e de atenção.

O 2º Domingo C traz-nos o profeta Baruc, cujo trecho, como em Isaías 40, no 1º Domingo do Ano B, mostra o povo de Deus no castigo do exílio, mas na esperança da volta. Através de metáforas, o texto canta a volta dos exilados e a nossa para o Senhor: "As florestas e todas as árvores odoríferas darão sombra a Israel, por ordem de Deus. Sim, Deus guiará Israel, com alegria, à luz de sua glória, manifestando a misericórdia e a justiça que dele procedem" (Br 5,8-9). O Salmo 125 apresenta-se em um "casamento perfeito" com esse texto, tratando da retirada que o Senhor realizou com seu povo ao trazê-lo do exílio, como um sonho! Os que lançam as sementes entre lágrimas ceifarão com alegria. Isso acontece, hoje, em nossas vidas. Sempre depois da dor, da luta, do esforço, da cruz, temos a alegria, a colheita fértil, a ressurreição. São Paulo aos Filipenses ora por todos para que permaneçam firmes, sem defeito e puros para o dia de Cristo. No Evangelho, temos Lucas mostrando a historicidade de João Batista, e por isso mesmo localiza as figuras do imperador Tibério César, do governador Pôncio Pilatos, como também de Herodes, que administrava a Galileia, e de seu irmão Filipe, responsável pelas regiões da Itureia e Traconítide, e Lisânias a Abilene, apresentando, ainda, Anás e Caifás como sumos sacerdotes. Nesse período da história é que a Palavra de Deus foi dirigida a João, filho de Zacarias. Vejamos aí a importância da citação do pai do Batista, o qual também pertencia à classe sacerdotal. A pregação de João é a mesma já apresentada nos domingos dos ciclos anteriores: Batismo com água para a conversão e preparação de um povo perfeito para receber o Senhor.

O 3º Domingo do ciclo de leituras trata da alegria pela proximidade da vinda de Cristo e traz a voz do profeta Sofonias, apresentando o Senhor no meio de seu povo: "Canta de alegria, cidade de Sião; rejubila, povo de Israel! Alegra-te e exulta de todo o coração, cidade de Jerusalém [...]. O Senhor, teu Deus, está no meio de ti" (Sf 3,14.17). O Salmo 12 vai nessa mesma linha, asseverando que o Santo de Israel já está no meio do povo e por isso é convidado a exultar e cantar de alegria. Na segunda leitura temos o famoso texto de Paulo (cf. Fl 4,4-7) que vale a pena transcrever aqui e refleti-lo, pois mostra-nos, de modo bem genuíno, toda a teologia do santo Tempo do Advento:

Irmãos: Alegrai-vos (*Gaudete*) sempre no Senhor; eu repito, alegrai-vos. Que a vossa bondade seja conhecida de todos os homens! O Senhor está próximo! Não vos inquieteis com coisa alguma, mas apresentai as vossas necessidades a Deus, em oração e súplica, acompanhadas de ação de graças. E a paz de Deus, que ultrapassa todo o entendimento, guardará os vossos corações e pensamentos em Cristo Jesus.

Perceba-se que é do início do texto que sai a antífona de entrada da missa desse domingo, chamado, como já dissemos anteriormente, *Gaudete* justamente por evocar essa alegria pela proximidade do Senhor logo na antífona de entrada. Em boa hora o Hinário Litúrgico da CNBB (cf. Ano A, p. 18) para esse tempo colocou a seguinte letra com melodia já bem conhecida para o canto de entrada deste dia: "*Alegrai-vos*, irmãos, no Senhor. Sem cessar, eu repito, *alegrai-vos*; veja o mundo a vossa bondade. *Perto* está o Senhor em verdade" (grifo nosso).

No Evangelho, temos as multidões perguntando para João Batista o que devem fazer para se converterem. Ele as convoca para a partilha: da túnica, da comida...; convoca para a justiça, para a honestidade. E João, mais uma vez declara não ser o Messias, mas apenas aquele que prepara o caminho para sua chegada.

Como se pode observar, o tema da *justiça* permeia todo o Tempo do Advento, como aliás está presente em toda a Sagrada Escritura. Jesus veio, vem e virá para implantar a justiça e a igualdade em toda a face da terra. Ele ama o direito e a justiça. Seu julgamento será justo e retribuirá a cada um conforme as obras. "Estive com fome e me destes de comer, com sede e me destes de beber, estava nu e me vestistes, preso e me visitastes [...]; vinde, benditos de meu Pai, para o Reino que vos preparei desde toda a eternidade" (Mt 25).

A liturgia apresenta quatro prefácios para este santo tempo, sendo dois ligados ao tema da segunda vinda (primeira parte do Advento, até o dia 16 de dezembro) e os outros dois estreitamente ligados à segunda parte (de 17 a 24 de dezembro pela manhã), os quais meditaremos na parte em que estudaremos o Advento histórico. Os dois primeiros, nomeados no Missal Romano como I e IA, fazem menção direta às duas vindas de Cristo, a primeira na fragilidade e a segunda na glória para nos dar os bens que vigilantes esperamos, quando o Senhor e Juiz da história aparecerá nas nuvens do céu revestido de poder e majestade para o tremendo e glorioso dia do julgamento; finalizam apresentando a terceira vinda de Cristo, em nossos dias, sobretudo presente na pessoa humana.

Com esses sentimentos e tendo diante dos olhos a proximidade da segunda vinda do Senhor para julgar os vivos e os mortos, concluímos nossas reflexões sobre o Advento escatológico e damos vez ao Advento histórico que nos prepara, mais particularmente, para a celebração e atualização da primeira vinda na Noite do Natal.

b) O Advento histórico

Trataremos este bloco da seguinte maneira: em primeiro lugar refletiremos sobre o 4º Domingo do Advento nos seus diversos ciclos de lições (anos A, B e C), meditando, ainda, as eucologias (orações); em seguida apresentaremos a Semana Santa do Natal (de 17 a 23 de dezembro) tanto na Celebração Eucarística como na Liturgia das Horas; e, finalmente, faremos uma meditação sobre a Missa Matutina e as Laudes (oração da manhã) do dia 24 de dezembro como preparação imediata para a celebração do Natal do Senhor.

Para iniciar, vejamos a oração do dia do 4º Domingo do Advento. É a mesma do *Angelus Domini*. Coloca-nos no centro do mistério a ser celebrado e que já está às portas. Une, portanto, o episódio da Encarnação com o da Redenção; aliás, a celebração natalícia do Verbo de Deus só se entende à luz da Páscoa. É pela ressurreição, centro do Ano Litúrgico, que compreendemos o Natal. É esse acontecimento único da História da Salvação que faz todos nós reconhecermos que o Menino nascido em Belém de Judá é o próprio Deus, o Emanuel, Deus que caminha conosco. Vejamos: "Derramai, ó Deus, a vossa graça em nossos corações para que, conhecendo pela mensagem do Anjo a Encarnação do vosso Filho, cheguemos, por sua paixão e cruz, à glória da ressurreição" (Missal Dominical, p. 25). Somente pela graça podemos reconhecer o mistério, até então, escondido e, na plenitude dos tempos, revelado. A oração sobre as oferendas pede que o mesmo Espírito Santo que trouxe a vida ao seio de

Maria possa santificar as oferendas que estão sobre o altar. Finalmente, a oração depois da comunhão evoca a proximidade da festa da salvação e clama por um maior empenho para uma celebração digna do mistério de Cristo.

A antífona de entrada é retirada de Is 45,8: "Céus, deixai cair o orvalho, nuvens, chovei o justo: abra-se a terra e brote o Salvador!". Vejamos com que profundidade textual a Igreja inicia a celebração do último domingo do Advento. O Justo vem sobre a terra e da própria terra brotará o Redentor, ou seja, um encontro entre a divindade e a humanidade, tema central de todo o tempo natalino. O céu nos dá o próprio Deus, e os seres humanos (terrestres) tornam-se divinos. A antífona de comunhão, também proveniente do profeta Isaías 7,4, evoca o mistério da Virgem que dará à luz um filho o qual será chamado "Deus-conosco". É com esses sentimentos que entramos no clima da celebração iminente da primeira vinda de Cristo na história.

Quanto às lições, temos no Ano A o texto de Isaías 7,10-14. O profeta afirma à casa de Davi que o próprio Senhor dará o sinal, que será o nascimento do Emanuel concebido pela Virgem. Na segunda leitura, Paulo ao iniciar sua Carta aos Romanos diz, claramente, que ele é apóstolo de Jesus Cristo, filho de Deus, da descendência de Davi segundo a carne, que ressuscitou dos mortos e por isso se tornou Senhor. Ele é que nos dá a graça da santidade. Vemos, novamente, que não se pode separar o Natal do mistério da Páscoa. A perícope evangélica apresenta-nos o sonho de José (cf. Mt 1,18-24), que nos mostra, diretamente, o cumprimento da profecia de Isaías anunciada na primeira leitura, tendo seu ápice nos versículos 20b-21: "José, filho de Davi, não tenhas medo de receber Maria como tua esposa, porque ela concebeu pela ação do Espírito Santo. Ela dará à luz um filho, e tu lhe darás o nome de Jesus, pois ele vai salvar o seu povo dos seus pecados". E José, na fé, age conforme o Anjo mandou, aceitando Maria como sua esposa, sem dúvida alguma, pois o justo vive da fé.

No Ano B, a primeira leitura, do Segundo Livro de Samuel, mostra a preocupação do rei Davi em construir uma casa para a arca do Senhor, a qual ainda estava alojada na tenda. Mas Deus fala com ele através do profeta Natã (2Rs 7,11b-12.14a.16):

Concedo-te uma vida tranquila, livrando-te de todos os teus inimigos. E o Senhor te anuncia que te fará uma casa. Quando chegar o fim dos teus dias e repousares com teus pais, então, suscitarei, depois de ti, um filho teu, e confirmarei a tua realeza. Eu serei para ele um pai e ele será para mim um filho. Tua casa e teu reino serão estáveis para sempre diante de mim, e teu trono será firme para sempre.

Vemos, nessa profecia, que o descendente será o rei sábio e justo, Salomão, que garantirá a descendência de Jesus, segundo a realeza de Davi. Por isso, o trono de Davi é eterno, sem fim, pois dele vem o Salvador da humanidade. Como diz o Salmo 88,5: "Para sempre, no teu trono, firmarei tua linhagem, de geração em geração garantirei o teu reinado". E por fazer essa alusão é que o presente salmo faz parte da liturgia da palavra desse domingo. A segunda leitura, da Carta de São Paulo aos Romanos, traz, novamente, a temática do mistério escondido que agora, pela fé, foi-nos plenamente revelado. O Evangelho é o mesmo da solenidade da Imaculada Conceição, ou seja, o anúncio do Anjo Gabriel à Virgem Maria e sua plena adesão à vontade do Pai. "Eis aqui a serva do Senhor; faça-se em mim segundo a tua palavra!" (Lc 1,38).

O 4º Domingo do Advento, Ano C, aporta-nos para a figura do profeta Miqueias e a sua profecia sobre a cidade de Belém. Apesar de ser pequenina será a maior dentre as cidades de Judá, pois de lá sairá aquele que dominará Israel. Aqui, também, outra menção à maternidade divina de Maria: "Deus deixará seu povo ao abandono, até o tempo em que uma mãe der à luz" (Mq 5,2a). Ela será a mãe do Príncipe da Paz. Essa paz é, sobretudo, aquela tranquilidade de consciência em seguirmos, com amor, os mandamentos do Senhor. O Salmo responsorial 79 suplica pela visita do Senhor. Ele, que é o Pastor de Israel, deverá vir proteger a sua vinha, o seu rebanho. A segunda leitura, da Carta aos Hebreus, localiza a profundidade teológica da Encarnação do Verbo de Deus, pois quando Cristo entrou no mundo, assumindo nossa carne, foram abolidas todas as outras formas de sacrifícios. Agora vale, somente, o do Filho que veio para fazer *a vontade do Pai*. Esse é o verdadeiro sacrifício que irá levá-lo ao Mistério Pascal. Se pela desobediência de Adão entrou o pecado no mundo, pela *obediência* do novo Adão virá a salvação. O texto conclui de maneira profunda: "É graças a esta vontade que somos santificados pela oferenda do corpo de Jesus Cristo, realizada uma vez por todas" (Hb 10,10). O Evangelho desse dia apresenta-nos a mãe do Redentor indo prestar um serviço de caridade à sua prima Isabel que estava grávida do Precursor do Senhor, João Batista. E ela vai apressadamente. A pressa é própria de quem ama. Aquele que vive em vigilância, no amor ao Senhor e ao próximo, está sempre em atitude de pressa, para não perder tempo na conquista do Reino de Deus. São Bento, em sua Regra, escrita para os monges no século VI, diz no versículo 2 do capítulo 73: "Além disso, para aquele *que se apressa* para a perfeição da vida monástica, há as doutrinas dos Santos Padres, cuja observância conduz o homem ao cume da perfeição". Nossa Senhora, a perfeita por excelência, vai servir, exercer a caridade. É com esses sentimentos que nos preparamos, com maior empenho, para a celebração do Natal do Senhor.

Passaremos, agora, à reflexão dos textos para a Celebração Eucarística durante a Semana Santa do Natal, ou seja, de 17 a 23 de dezembro. Estudaremos os textos da seguinte maneira: apresentaremos comentários sobre as antífonas de entrada e de comunhão, em seguida veremos as orações do dia, todas plenas de conteúdos bem significativos para essa parte do Advento já próxima da solenidade do Natal do Senhor, e fecharemos o referido dia litúrgico com a apresentação das lições e dos salmos responsoriais. A liturgia do dia 17 de dezembro tem como antífona de entrada um trecho do profeta Isaías 49,13: "Alegrem-se os céus e a terra, porque o Senhor nosso Deus virá e terá compaixão dos pequeninos". A de comunhão traz o texto de Ageu 2,8: "Eis que vem o desejado de todas as nações: ele encherá de glória a casa do Senhor". Como se vê, ambas as antífonas mostram com toda a certeza o acontecimento salvífico que está para acontecer, pois apontam, com clareza, para a vinda iminente do Senhor. A oração do dia reza:

> Ó Deus, criador e redentor do gênero humano, quisestes que o vosso Verbo se encarnasse no seio da Virgem. Sede favorável à nossa súplica, para que o vosso Filho Unigênito, tendo recebido a nossa humanidade, nos faça participar da sua vida divina.

A oração, dirigida ao Pai, afirma a Encarnação do Verbo e suplica para que possamos participar da divindade daquele que assumiu a nossa humanidade.

A primeira leitura do Livro do Gênesis mostra Jacó reunindo seus filhos e afirmando que o cetro não sairá de Judá até que venha Aquele a quem os povos obedecerão. O Salmo 71 apresenta, mais uma vez, nesse tempo, o tema da justiça, pois ela florirá em abundância para sempre. Esse Rei, que está para vir, tomará o partido dos pobres e salvará o filho dos humildes. O Evangelho apresenta-nos a perícope da genealogia de Jesus mostrando as gerações desde Abraão até Davi, desde Davi até o exílio da Babilônia e desde o exílio até Cristo. A liturgia deseja, justamente, nesse primeiro dia da Semana Santa do Natal, já colocar diante de nossos olhos a veracidade histórica de Jesus Cristo. As antífonas de aclamação ao Evangelho, que seguem ao alegre canto do Aleluia, são as mesmas entoadas para o Canto do Magnificat no Ofício de Vésperas (oração da tarde) dessa semana, ou seja, as famosas antífonas Ó ou maiores que evocam os títulos messiânicos de Cristo e suplicam sua vinda. Essas antífonas já foram trabalhadas, por nós, no livro *Tempo e canto litúrgicos* (São Paulo: Paulinas, 2008. pp. 36ss). As orações depois da comunhão vão seguindo essa mesma temática da preparação imediata para o Natal: "Fazei-nos brilhar diante de Cristo, que se aproxima, com nossas lâmpadas acesas [...]; que possamos preparar dignamente a festa da redenção que estamos para celebrar [...]; assim acolheremos com o coração puro o nascimento do nosso Salvador, que vamos celebrar [...]; que a comunhão no vosso sacramento nos dê forças para caminhar com boas obras ao encontro do Salvador, que se aproxima [...], para que possamos esperar com lâmpadas acesas a chegada do vosso Filho, que se aproxima".

O dia 18 de dezembro apresenta como antífona de entrada: "O Messias, que João apontou como Cordeiro esperado, virá como nosso Rei"; já a de comunhão diz: "O seu nome será Emanuel, o que significa Deus-conosco". Sente-se que o Advento histórico vai nos levando, como que em um crescendo, ao mistério da Encarnação do Cristo que está na iminência de sua celebração. A oração do dia expressa-se assim:

> Ó Deus, todo-poderoso, concedei aos que gememos na antiga escravidão, sob o jugo do pecado, a graça de ser libertados pelo novo natal do vosso Filho que tão ansiosamente esperamos.

Vejamos que a oração acima evoca o tema da escravidão do pecado e pede a graça da libertação do mesmo que só poderá vir por um de nós, portanto Deus assumindo nossa natureza humana. É, pois, sempre um novo natal, pois a Sagrada Liturgia tem esse poder de atualização, no Espírito Santo, do fato celebrado. Esse nascimento, a humanidade inteira o espera com ansiedade.

Na primeira leitura encontramos o profeta Jeremias anunciando que Deus suscitará, da descendência de Davi, um rebento novo. Ele fará valer a *justiça* e a retidão na terra e será chamado: Senhor, nossa *justiça*. O Salmo 71 apresenta outros versículos, mas sempre enfatizando o tema da equidade e da justiça. No Evangelho encontramos a mesma passagem já apresentada no 4º Domingo do Ano A, ou seja, o sonho de José, o qual após as palavras ditas pelo Anjo recebe Maria como sua esposa.

No dia 19 de dezembro temos como antífona de entrada o versículo 37 do capítulo 10 da Carta aos Hebreus: "Aquele que há de vir chegará sem demora: já não haverá mais temor entre nós, porque ele é o nosso Salvador". A de comunhão apresenta dois versículos do Benedictus (canto de Zacarias): "Do alto, o Sol nascente virá nos visitar; para guiar os nossos passos no caminho da paz". A oração do dia apresenta o seguinte texto:

> Ó Deus, que revelastes ao mundo o esplendor da vossa glória pelo parto virginal de Maria, dai-nos venerar com fé pura e celebrar sempre com amor sincero o mistério tão profundo da Encarnação.

A centralidade dessa oração se apoia na figura da Mãe de Deus e em seu parto virginal para os quais somos convocados a venerar na pureza da fé e sinceridade do coração, pois o mistério profundo da Encarnação do Verbo de Deus só pode ser compreendido na perspectiva da fé.

A leitura do Livro dos Juízes localiza-se no gênero das anunciações bíblicas. A fragilidade do menino Sansão manifesta a força de Deus pela sua maneira de agir e de ser; consagrado ao Senhor desde sua concepção. A aparição do anjo à esposa de Manué, anunciando o nascimento de Sansão, encontra uma profunda relação com o anúncio de João Batista a Zacarias, enquanto realizava suas funções sacerdotais no Templo à direita do altar do incenso. O Anjo também diz que Isabel, mesmo sendo estéril e de idade avançada, dará à luz um menino que será grande e consagrado ao Senhor desde o ventre materno. Esse é o Evangelho do dia, que, de certo modo, prepara-nos para o anúncio de Jesus no dia seguinte. Vamos vendo que essa semana, que antecede o Natal, compõe-se de temas interligados e cronologicamente apresentados.

A antífona de entrada do dia 20 de dezembro une o profeta Isaías ao evangelista Lucas: "Um ramo brotará da raiz de Jessé; a glória do Senhor encherá a terra inteira, e toda criatura verá a salvação de Deus". A de comunhão sai do Evangelho e é, justamente, a palavra do Anjo: "Eis que conceberás e darás à luz um filho, e lhe porás o nome de Jesus". Como citado, anteriormente, o Evangelho apresenta a anunciação de Jesus, já lido no 4º Domingo do Advento, Ano B, e na solenidade da Imaculada Conceição, que ainda vamos meditar, tomando, agora, um novo colorido por conta da proximidade do Natal. Maria é a Serva do Senhor e que dá o seu *sim* a Deus como nossa representante, ou seja, como figura corporativa de toda a humanidade. Esse texto é precedido pela profecia de Acaz sobre o sinal da virgem que conceberá, perícope esta também presente no 4º Domingo do Advento, Ano C. A oração do dia apresenta-se assim:

> Senhor Deus, ao anúncio do Anjo, a Virgem Imaculada acolheu vosso Verbo inefável e, como habitação da divindade, foi inundada pela luz do Espírito Santo. Concedei que, a seu exemplo, abracemos humildemente a vossa vontade.

Como vemos, a oração está inteiramente em consonância com o tema desse dia, ao evocar o episódio da anunciação do Senhor e ao pedir o dom da humildade para nós. Ao dizer *sim*, Maria tornou-se a humilde serva do Senhor, que, ao se encarnar, também deu uma grande prova de humildade, em sua *kénosis*, ou seja, em seu esvaziamento, pois, sendo Deus, tornou-se humano.

O dia 21 de dezembro, que nos separa por cinco dias da solenidade do Natal, tem como antífona de entrada também o profeta Isaías dizendo: "Eis que chega o Senhor dos senhores: seu nome será Emanuel, o Deus--conosco". A de comunhão, tirada do Evangelho do dia, traz as palavras de Isabel dirigidas a Maria: "Feliz és tu, que creste, porque se cumprirá o que te foi dito da parte do Senhor". A primeira leitura do Cântico dos Cânticos apresenta os seguintes versículos iniciais: "É a voz do meu amado! Eis que ele vem saltando pelos montes, pulando sobre as colinas. O meu amado parece uma gazela, ou um cervo ainda novo [...]. Levanta-te, minha amada, formosa minha, e vem! [...]. Mostra-me teu rosto, deixa-me ouvir a tua voz! Pois a tua voz é tão doce e gracioso o teu semblante". Vejamos que estes trechos do Cântico dos Cânticos 2,8-9a.13b-14 estão em íntima conexão com o Evangelho que mostra Nossa Senhora indo, correndo pelos montes de Israel, já carregando o Amado no ventre, rumo à casa de Isabel para servi--la. Ela, Maria, que tem voz doce, para entoar o seu Magnificat ao Senhor, e semblante gracioso para ouvir as palavras de Isabel: "Bem-aventurada aquela que acreditou, porque será cumprido o que o Senhor lhe prometeu".

A oração para esse dia une a alegria do mistério da Encarnação com o da volta de Cristo em sua glória, no final dos tempos. Vejamos:

Ouvi com bondade, ó Deus, as preces do vosso povo, para que, alegrando--nos hoje com a vinda do vosso Filho em nossa carne, alcancemos o prêmio da vida eterna, quando ele vier na sua glória.

O sexto dia desta semana do Advento histórico, ou seja, o dia 22 de dezembro, apresenta a seguinte antífona de entrada retirada do Salmo 23,7: "Ó portas, levantai vossos frontões! Levantai-vos, portas eternas: que ele entre, o Rei da glória!". O texto da antífona de comunhão é retirado do Magnificat, que é o próprio Evangelho desse dia: "Minha alma glorifica o Senhor [...]. O poderoso fez em mim grandes coisas". Vemos na primeira um convite a abrirmos as portas de nossos corações para a chegada do nosso Rei da glória. E aquele(a) que abre o seu coração para Deus sempre glorifica o Senhor. A primeira leitura apresenta Ana dando graças pelo nascimento de Samuel e o oferece ao Senhor, ainda em tenra idade, para que possa servi-lo no Templo. A liturgia, com esses textos, deseja mostrar que os nascimentos, do Antigo Testamento, impossíveis para os homens, tornam-se realidade aos olhos de Deus e preanunciam o grande nascimento do Salvador de Israel. O Evangelho, como já dito acima, põe na boca de Maria todas as vozes das grandes mulheres do Antigo Testamento e, assim, em seu Magnificat, ela proclama as grandezas do Senhor que cumpre suas promessas e eleva os pequeninos. Assim, antes que seu filho nasça e inicie sua pregação, ela já evangeliza com os valores do Reino que, posteriormente, serão anunciados por Jesus: o cumprimento das promessas do Pai, a humildade, a obediência aos planos de Deus, o destino dos soberbos e dos pequenos. Eis a oração desse dia:

Deus de misericórdia, vendo o ser humano entregue à morte, quisestes salvá-lo pela vinda do vosso Filho; fazei que, ao proclamar humildemente o mistério da Encarnação, entremos em comunhão com o Redentor.

A oração evoca, assim, a imensa misericórdia de Deus para conosco, dando-nos a possibilidade da salvação pela Encarnação de seu Filho.

O dia 23 de dezembro, antevéspera do nascimento de Jesus Cristo, tem a finalidade de preparar, de maneira, bem imediata, a recepção do Salvador. Por isso, na antífona de entrada retirada de Isaías 9,6 e do Salmo 71,17 já nos dá a certeza: "Nascerá para nós um pequenino: ele será chamado Deus e forte; nele serão abençoados todos os povos da terra". A de comunhão mostra-nos a mesma temática e procede do Apocalipse de São João 3,20: "Eis que estou à porta e bato: se alguém ouvir a minha voz e abrir, eu entrarei e cearemos juntos". Vemos, aqui que o Senhor está sempre querendo estar conosco, cear junto. Infelizmente as ceias natalinas dos dias de hoje não se lembram mais da nobreza do próprio aniversariante, Jesus Cristo. Elas se resumem às bebedeiras, roupas novas, troca de presentes e votos, muitas vezes não sinceros. Muita comida, muita bebida e muita infelicidade... O foco da alegria do Natal de Jesus não é esse, mas sim um profundo agradecimento ao Pai que nos dá o próprio Filho; e ao Filho que, na obediência ao Pai, assume nossa natureza humana para elevá-la às alturas.

A primeira leitura desse dia, tirada do profeta Malaquias 3,1-4.23-24, mostra, claramente, que um profeta posterior identificará o mensageiro de Javé com Elias. Em João Batista vemos concretizar-se essa profecia. E, justamente, para o Evangelho, a liturgia põe o nascimento do Precursor do Senhor, que foi motivo de alegria para os vizinhos e todos que viviam na região montanhosa da Judeia. A oração do dia faz uma direta alusão ao Natal, que se aproxima, e pede a misericórdia do Verbo para a humanidade:

> Deus eterno e todo-poderoso, ao aproximar-nos do natal do vosso Filho, concedei-nos obter a misericórdia do Verbo, que se encarnou no seio da Virgem e quis viver entre nós.

Chegamos, nesse momento, à Missa Matutina própria do dia 24 de dezembro, que tem, nessa semana, a única oração do dia dirigida ao Filho, já que todas as anteriores refletidas dirigem-se ao Pai. Diz ela:

Apressai-vos, e não tardeis, Senhor Jesus, para que a vossa chegada renove as forças dos que confiam em vosso amor.

Pedimos ao Filho, Nosso Senhor, que se apresse em nos salvar, a fim de que nossas forças sejam renovadas, pois sem a certeza de sua salvação não teremos lugar para depositar nosso futuro, nem teremos a verdadeira alegria que nos dá esperança para viver nesta terra de exílio rumo à casa do Pai.

A antífona de entrada canta o texto de Gálatas 4,4: "Eis que já veio a plenitude dos tempos, em que Deus mandou à terra o seu Filho". A de comunhão é retirada do Evangelho desse dia — o Canto de Zacarias (Benedictus): "Bendito o Senhor; Deus de Israel, que visitou e resgatou seu povo!". Na primeira leitura aparece, mais uma vez nesse tempo litúrgico, a profecia proferida por Natã de que Deus suscitará, da descendência de Davi, um herdeiro que será o Senhor da casa de Israel. Como dito antes, o Evangelho, ao apresentar o canto de Zacarias, mostra-nos que o Senhor cumpre suas promessas e a maior delas está para se realizar no meio dessa noite santa; por isso o Sol Nascente, que está para se levantar no dia seguinte, é Aquele que vai nos tirar do poder das trevas e da sombra da morte. Vale lembrar, como vimos, que as escolhas das perícopes evangélicas, desse período, obedecem a uma sequência cronológica dos fatos que antecederam o nascimento de Jesus.

Como já anunciamos, ao finalizarmos nossa reflexão sobre o Advento escatológico, veremos, agora, os dois últimos prefácios desse tempo que se ligam ao Advento histórico. No Missal Romano, são nomeados como II e IIA e apresentam os temas centrais do Natal e sua proximidade: Ele que os profetas anunciaram, que a Virgem esperou com amor de mãe e João Batista mostrou estar próximo. O próprio Senhor é que nos dá a alegria de nos preparar, desde já, para o mistério de seu Natal para nos encontrar vigilantes e na oração. Vejamos que o tema da vigilância é uma constante em todo o Tempo do Advento. O prefácio IIA trata da figura de Maria como a nova Eva; por ela, Mãe de todo o gênero humano, é-nos de novo dada a graça que por Eva tínhamos perdido.

E, assim, concluímos esta parte de reflexões dos textos das Celebrações Eucarísticas para a Semana Santa do Natal. Deter-nos-emos, agora, no que se refere à Liturgia das Horas dessa mesma parte do

Advento histórico. Para essa semana, apresenta hinos e antífonas próprias nas Laudes e nas Vésperas, como também, leituras breves, responsos e antífonas para o Benedictus, visto que para o Magnificat já meditamos as Antífonas Maiores, no compêndio *Tempo e canto litúrgicos* (São Paulo: Paulinas, 2008), como já mencionamos anteriormente.

Essa segunda parte do Tempo do Advento apresenta hinos apropriados para as Laudes e as Vésperas. Vejamos o das Laudes, retirado da Oração das Horas (2006, p. 142):

Os profetas, com voz poderosa,
Anunciam a vinda de Cristo,
Proclamando a feliz salvação,
Que liberta no tempo previsto.

Ao fulgor da manhã radiosa,
Arde em fogo o fiel coração,
Quando a voz, portadora da glória,
Faz no mundo soar seu pregão.

Não foi para punir este mundo
Que Ele veio na vinda primeira.
Ele veio sarar toda chaga
E salvar quem no mal perecera.

Mas a vinda segunda anuncia
Que o Cristo Senhor vai chegar,
Para abrir-nos as portas do reino
E os eleitos no céu coroar.

Luz eterna nos é prometida
E se eleva o astro-rei salvador,
Que nos chama à grandeza celeste
Com a luz do divino esplendor.

Ó Jesus, só a vós desejamos
Para sempre no céu contemplar,
E por vossa visão saciados,
Glória eterna sem fim vos cantar.

Várias reflexões podem ser feitas a partir desse hino. Em primeiro lugar, diremos que o mesmo se aplica, tão somente, ao Ofício das Laudes, pois vemos, claramente, a evocação do tema da manhã: "Ao fulgor da manhã radiosa […]. Luz eterna nos é prometida e se eleva o astro-rei salvador". Esse astro é o sol que nasce, com todo o seu esplendor, ao raiar do dia. Jesus foi comparado com o Sol Nascente no canto de Zacarias que ressoa na Igreja todas as manhãs. A terceira e quarta estrofes unem as duas partes desse tempo, fazendo menção à vinda primeira, como também, à segunda quando vier, em sua glória, dá a recompensa aos bons e maus. Apesar de estarmos vivenciando o Advento histórico, não se deve perder o horizonte do todo.

Agora, veremos o que nos diz o hino das Vésperas (Oração das Horas, pp. 141-142):

Recebe, Virgem Maria,
No casto seio materno,
Dos céus, o Verbo Divino
Vindo da boca do Eterno.

Fecunda, a sombra do Espírito
Do alto céu te ilumina,
Para gerares um Filho
De natureza divina.

A porta santa do templo
Eternamente fechado,
Feliz e pronta se abre,
Somente ao Rei esperado.

Desceu à terra o Senhor,
Por Gabriel anunciado;
Promessa antiga aos profetas,
Antes da aurora gerado.

Exulta o coro dos anjos,
A terra canta louvor:
Para salvar os perdidos,
Humilde, vem o Senhor.

Ó Cristo, Rei piedoso,
A vós e ao Pai toda a glória,
Como o Espírito Santo:
Eterna honra e vitória.

A teologia do hino das Vésperas centra-se no mistério da Encarnação do Verbo no seio da Virgem, ela que é a porta santa do templo. Evoca, ainda, o anúncio do Anjo Gabriel e o cumprimento das profecias anunciadas pelos profetas, como também o Salmo 109,3c: antes da aurora gerado. Esse antes da aurora lembra a hora rezada, ao cair da tarde chega a noite para dar lugar à aurora, que surge pouco antes do sol.

Como antífonas das Laudes e Vésperas para essa semana temos textos que embelezam e aprofundam a teologia litúrgica desse tempo: o Rei dos reis que vem em breve; todos os confins da terra hão de contemplá-lo; Ele vem libertar o seu povo; que as portas se abram e que a terra conheça o caminho da salvação; a justiça brilhará como a aurora; a recompensa pertence aos que esperam a vinda do Senhor e acreditaram na verdade dos profetas; o Senhor não tardará mais; devemos permanecer firmes na esperança para sentirmos o auxílio do Senhor; o Senhor virá das alturas e brilhará como o sol; a terra germinará o Justo esperado das nações; precisamos estar preparados para ir ao encontro de Deus que se aproxima. É, assim, em torno desses temas, que aguardamos as Primeiras Vésperas do Natal.

As leituras breves apresentam trechos retirados, em sua maioria, de perícopes lidas nas celebrações eucarísticas. Assim, temos abundantemente o profeta Isaías anunciando que nascerá uma haste do tronco de Jessé; que devemos subir ao monte do Senhor, porque de Jerusalém virá a sua palavra; o ombro e o pescoço livrar-se-ão do peso e do jugo; a virgem conceberá e seu filho alimentar-se-á de manteiga e de mel; é Deus que salva, Ele é o nosso Salvador; que o céu deixe cair o orvalho e que da terra germine salvação. Permeando Isaías, encontramos trechos das cartas de Paulo, do profeta Jeremias, do Gênesis; todos tratando da proximidade da salvação; da santificação do homem como um todo para esta vinda; do despertar do sono porque a noite já vai adiantada e aproxima-se a luz; que vivamos no amor e sem defeito diante de Deus para a vinda de Jesus; alegremo-nos no Senhor, porque Ele está perto; aguardamos o nosso Salvador, que transformará o nosso corpo para torná-lo semelhante ao seu corpo glorioso; o cetro não será tirado de Judá, pois àquele que vem todos deverão obedecer; precisamos ter perseverança em nossos procedimentos (maneira de ser) até o dia da sua vinda; devemos, portanto, ficar firmes até a vinda do Senhor, que está próxima, Ele está às portas; o Senhor terá compaixão das tendas de Jacó; o Senhor está usando de paciência para conosco a fim de que nos convertamos.

Os responsos breves cantam essa mesma esperança de Israel: o universo se rejubila porque o Senhor vai chegar; alegra-te, cheia de graça, porque o Senhor está contigo; as trevas cedem lugar à luz; o Senhor vem e toda carne verá a salvação de Deus; devemos dar graças a Deus, pois seu nome está perto. Com toda essa confiança e certeza, a riqueza da liturgia desses dias ainda nos presenteia com belas e fortes antífonas para o canto do Benedictus. Vale a pena reproduzi-las aqui:

17.12:	Sabei que está próximo o reino de Deus. Eu vos digo e confirmo que não tardará.
18.12:	Vigiai e estai preparados: o Senhor nosso Deus está perto.
19.12:	Despontará, como o sol, o Salvador, e descerá como o orvalho sobre a relva, para o seio virginal, aleluia.
20.12:	O anjo Gabriel foi enviado à esposa de José, Virgem Maria.
21.12:	Confiai e não temais: pois daqui a cinco dias o Senhor virá a vós.
22.12:	Quando a tua saudação ressoou aos meus ouvidos, a criança estremeceu de alegria no meu ventre. Aleluia.
23.12:	Eis que agora já se cumprem plenamente as palavras, pelo anjo anunciadas sobre a Virgem Mãe de Deus.

Como vemos, todas essas antífonas estão plenas de significado e nos levam, de maneira ascendente, à contemplação do Mistério da Encarnação do Filho de Deus que estamos para celebrar. As orações para esses dias são as mesmas já apresentadas, anteriormente, para as celebrações da Eucaristia.

Vale a pena, agora, fazer uma apresentação especial das Laudes do dia 24 de dezembro, que antecipam imediatamente a celebração do Natal do Senhor.

A antífona do salmo invitatório, ou seja, do convite à primeira oração do dia, diz: "Hoje sabereis que o Senhor virá e amanhã vereis a sua glória". As três antífonas para a salmodia cantam:

1. Tu, Belém, não és a última das cidades de Judá, pois de ti virá o Guia do meu povo, Israel.
2. Levantai vossa cabeça e olhai, pois a vossa redenção se aproxima.
3. Amanhã virá a vossa salvação: é o que diz o Senhor Deus do universo.

O responso breve diz: "Amanhã será varrida da terra a iniquidade e sobre nós há de reinar o Salvador do mundo". A antífona para o Benedictus canta: "Completaram-se os dias de Maria dar à luz o seu Filho primogênito".

Como vemos, essa liturgia deseja preparar a Igreja que está vigilante a receber, com alegria, o anúncio dos anjos no meio da noite santa que se aproxima. Interessante observar que vários textos trazem o advérbio de tempo *amanhã*, como que para atualizar aquilo que celebramos.

Com a leitura breve da Hora Média do dia 24 de dezembro, preparamo-nos para a celebração das Primeiras Vésperas do Natal do Senhor e para a Missa da Vigília, que poderá ser antes ou depois das mesmas. Assim diz essa leitura, como não poderia deixar de ser pela boca do profeta Isaías: "Os que foram deixados em Sião, os sobreviventes de Jerusalém, serão chamados santos, a saber, todos os destinados à vida em Jerusalém". Jerusalém aqui é figura dos novos céus e da nova terra que estão para serem renovados com o nascimento do Salvador. É, também, a Jerusalém celeste, a Cidade Santa. Só temos a certeza de, um dia, sermos cidadãos dessa cidade, porque o Verbo de Deus assumiu a nossa natureza humana e nos deu uma real dignidade, a oportunidade de uma vida santa.

Na tarde do dia 24 de dezembro ou mesmo durante as vigílias noturnas que antecedem a Missa da Noite de Natal, a tradicional Missa do Galo, a Igreja canta o Martirológio Romano do Natal do Senhor, uma espécie de precônio do Natal, como acontece também na Vigília Pascal ao se anunciar a Páscoa do Senhor. Eis o texto latino do mesmo, com sua tradução para a língua portuguesa:

Octavo Kalendas Januarii	Vinte e cinco de dezembro.
Luna: (a lua varia de ano para ano)	Lua.
Multis transactis saeculis	Tendo transcorrido muitos séculos
	Desde a criação do mundo,
Ex quo Deus caelum et terram creaverat	Quando no princípio Deus tinha criado o céu e a terra
Et hominem ad suam imaginem fecerat	E tinha feito o homem à sua imagem;
Multissimi saeculi ex quo diluvium desierat	E muitos séculos de quando, depois do dilúvio,
Et Altissimus in nubibus arcum possuerat	O Altíssimo tinha feito resplandecer o arco-íris,
Signum foederis et pacis.	Sinal da Aliança e da paz;
A nativitate Abrahae patris nostri	Vinte séculos depois da partida de Abraão,
Saeculo vigésimo primo; *Ab exitu populi Israel de Aegypto,* *Moyse duce saeculo décimo tertio;*	Nosso pai na fé, de Ur dos Caldeus; Treze séculos depois da saída de Israel do Egito, Sob a guia de Moisés;
Ab unctione Davidis in regem, *Anno circiter millesimo;*	Cerca de mil anos depois da unção de Davi Como rei de Israel;
Hoebmomada sexagesima quinta,	Na sexagésima quinta semana,
Juxta Danielis prophetiam.	Segundo a profecia de Daniel;

Olimpiade centesima nonagesima quarta	Na época da centésima nonagésima quarta Olimpíada,
Ab Urbe Roma condita, Anno septingentesimo quinquagésimo secundo	No ano setecentos e cinquenta e dois da fundação da cidade de Roma;
Imperii Caesaris Octaviani Augusti, Anno quadragésimo secundo;	No quadragésimo segundo ano do Império de César Otaviano Augusto;
Toto orbe in pace conposito, Sexta mundi aetate,	Quando em todo o mundo reinava a paz,
Jesus Christus, aeternum Verbum Aeternique Patris Filius mundum volens	Jesus Cristo, Deus Eterno e Filho do Eterno Pai,
Adventu suo piíssimo consecrare,	Querendo santificar o mundo com a sua vinda,
De Spiritu Sancto conceptus,	Tendo sido concebido por obra do Espírito Santo,
Novemque post conceptionem Decursis mensibus,	Tendo transcorrido nove meses,
In Bethlehem Juda nascitur Ex Maria Virgine factus homo.	Nasce em Belém da Judeia da Virgem Maria, feito homem:
Nativitas Domini Nostri Jesu Christi secundum carnem.	Natal de Nosso Senhor Jesus Cristo segundo a carne (a natureza humana).

Como se vê, um belo hino de proclamação da Encarnação de Jesus, evocando todos os acontecimentos importantes que lhe antecederam na história da salvação, como que para mostrar a verdade do nascimento do Filho de Deus em nossa natureza humana.

O hino se inicia evocando a criação do mundo e, ao longo de todo o texto, vai tratando, com exatidão, o tempo dos acontecimentos marcantes que vieram antes da Encarnação do Verbo de Deus. Por isso diz: "Tendo transcorrido muitos séculos desde a criação do mundo". Em seguida trata da criação do homem; do dilúvio do qual faz menção do arco-íris, símbolo da aliança de Deus com a humanidade, agora, renovada, o que nos evoca o texto de Gênesis 9,8-15:

> Disse Deus a Noé e a seus filhos: Eis que vou estabelecer minha aliança convosco e com vossa descendência, como todos os seres vivos que estão convosco: aves, animais domésticos e selvagens, enfim, como todos os animais da terra, que saíram convosco da arca. Estabeleço convosco a minha aliança: nunca mais nenhuma criatura será exterminada pelas águas do dilúvio, e não haverá mais dilúvio para devastar a terra. E Deus disse: Este é o sinal da aliança que coloco entre mim e vós, e todos os seres vivos que estão convosco, por todas as gerações futuras: ponho meu arco nas nuvens como sinal de aliança entre mim e a terra. Quando eu reunir as nuvens sobre a terra, aparecerá meu arco nas nuvens. Então eu me lembrarei de minha aliança convosco e com todas as espécies de seres vivos. E não tornará mais a haver dilúvio que faça perecer nas suas águas toda criatura.

Como se vê, essa aliança que Deus propõe ao homem e a todos os seres vivos é sinal da definitiva aliança que estava para acontecer com a Encarnação do Filho de Deus e que atingiria a sua plenitude em seu Mistério Pascal. Por isso mesmo se diz que na noite da Páscoa o mundo é recriado, pois o Senhor Ressuscitado, eterna aliança de Deus com a humanidade, abre, novamente, as portas do paraíso que nos foram fechadas por Adão e Eva.

Continuando com o texto do Martirológio do Natal, evoca-se, agora, a figura de Abraão, que partiu de Ur dos Caldeus vinte séculos antes do nascimento de Jesus Cristo. Apresenta, ainda, a menção da saída de Israel do Egito sob a guia de Moisés; a unção de Davi como rei de Israel mil anos antes; a profecia de Daniel; a centésima nonagésima quarta olimpíada da era antiga; a fundação de Roma no ano setecentos e cinquenta e dois antes de Cristo; no quadragésimo segundo ano do império de César Otaviano Augusto, tendo transcorrido os nove meses após ter sido concebido pela ação do Espírito Santo no seio da Virgem Maria, nasce Jesus Cristo, o Filho de Deus em Belém de Judá.

Esse hino deverá ser cantado na Véspera do Natal do Senhor e, muito oportunamente, sugerimos que seja entoado na Missa da Noite antes do canto do Glória a Deus nas alturas. Claro que com as devidas explicações e tradução para o povo.

Vejamos, agora, o Santoral do Tempo do Advento para, em seguida, meditarmos sobre a celebração do Natal do Senhor, que será assunto de nosso segundo capítulo.

c) O Santoral do Tempo do Advento

Como o Tempo do Advento se inicia no domingo que ocorre entre os dias 27 de novembro e 3 de dezembro, temos logo nesse intervalo a festa de Santo André Apóstolo em 30 de novembro e a memória de São Francisco Xavier no dia 3 de dezembro. Devemos observar o que elas desejam dizer para nós. Santo André foi discípulo de João Batista e conduziu o seu irmão, Simão Pedro, até Jesus, como se poderá conferir em João 1,41: "Encontramos o Messias"! Desenvolveu grande trabalho missionário na Grécia e na Ásia Menor. Segundo a tradição, morreu mártir em uma cruz em forma de x em Patras. A antífona de entrada coloca a assembleia celebrante bem dentro do teor da festa celebrada: "Junto ao mar da Galileia, viu o Senhor dois irmãos: Pedro e André, que pescavam. Ele os chamou: Vinde comigo; eu vos farei de hoje em diante pescadores de homens" (Mt 4,18-19). A oração do dia pede que o apóstolo André interceda, constantemente, por todos nós, no céu. Não existiria uma melhor intercessão do que essa para iniciar o Tempo do Advento, tempo pelo qual nos aproximamos mais do Senhor pela oração e vigilância. A leitura da Carta aos Romanos 10,9-18 evoca a necessidade da fé no Ressuscitado, e essa mensagem se constitui da pregação básica de nossa vida — o que morreu agora está vivo e reconquistou para o gênero humano a salvação. Aquele que crê invocando e pregando o nome do Senhor será salvo e na sua volta gloriosa terá o privilégio de contemplá-lo. Os versículos escolhidos do Salmo 18 evocam, de maneira contundente, a ação do pregador:

> Os céus proclamam a glória do Senhor,
> E o firmamento, a obra de suas mãos;
> O dia ao dia transmite esta mensagem,
> A noite à noite publica esta notícia.

Não são discursos nem frases ou palavras,
Nem são vozes que possam ser ouvidas;
Seu som ressoa e se espalha em toda a terra,
Chega aos confins do universo a sua voz (vv. 2-5).

O Tempo do Advento vem nos ensinar esse preceito: somos pregadores do Senhor, se não pela fala, com certeza deveremos ser pelo testemunho de que Ele é o Messias esperado de Israel e o único Salvador da humanidade. A perícope evangélica trata, justamente, do chamado dos irmãos André e Pedro junto ao mar da Galileia. Eles, agora, seriam pescadores de homens. A oração depois da comunhão menciona o martírio de cruz assumido pelo Apóstolo.

São Francisco Xavier enveredou pela mesma trilha de Santo André, sendo o grande missionário do Senhor nas terras longínquas do Oriente. Evangelizou o Japão, a Índia e várias ilhas do pacífico, chegando a batizar muitos pagãos. Morreu jovem, aos 46 anos, quando pretendia evangelizar a China. É o padroeiro dos missionários. Todos nós, pelo Batismo, tornamo-nos missionários e no Tempo do Advento o grande anúncio, como dito anteriormente, gira em torno da preparação para as vindas do Senhor.

As orações trazem os temas próprios da memória celebrada: anúncio do Evangelho em terras longínquas, alegria pelo nascimento de novos filhos para a Igreja, testemunho do Evangelho, fidelidade à vocação.

No dia 4 de dezembro, a Igreja faz a memória facultativa de São João Damasceno, o grande defensor das imagens, contra os iconoclastas. Muito feliz essa celebração no Advento, quando o Filho de Deus, ao se tornar um de nós, ganha uma imagem e, de certo modo, eleva o culto de veneração àqueles cujas imagens representam. Através de suas pregações, mostrou-se sempre fiel ao Magistério da Igreja e à sã tradição dos Padres.

Seguindo o calendário, deparamo-nos com a memória facultativa de São Nicolau, também muito apropriada para o tempo, pois no norte europeu é identificado com o Papai Noel, partindo de sua preocupação em presentear, sobretudo, os pobres.

A solenidade da Imaculada Conceição é precedida pela memória obrigatória de Santo Ambrósio, um dos grandes doutores da Igreja e bispo de Milão, de onde se originou um rito litúrgico aprovado por Roma, o Rito Ambrosiano ou Milanês. Ambrósio compôs vários hinos para esse rito. O dia 7 de dezembro marca sua ordenação episcopal, aclamada pelo povo de Milão. Lutou contra o paganismo, o arianismo e a degradação social. Sempre preocupado em atender aos pobres. Santo Agostinho se converteu diante de sua pregação e pelas suas mãos tornou-se cristão, recebendo o sacramento do Batismo. As orações trazem como temário: a função do pastor, a fidelidade aos ensinamentos do santo celebrado, a coragem em percorrer os caminhos do Senhor.

Como já dito antes, o dia que segue à celebração litúrgica de Santo Ambrósio, 8 de dezembro, é dedicado à solenidade da Imaculada Conceição, festa essa profundamente inserida no Tempo do Advento. Já celebrada desde o século XI na Normandia e na Inglaterra, teve seu culto oficializado pelo Rito Romano com a proclamação do dogma da concepção imaculada da Mãe de Deus pelo papa Pio IX em 1854. Maria é figura central do Advento; sem ela, sem o seu "sim", não teríamos o nascimento do Salvador como anunciado pelas profecias: "Uma virgem conceberá...". Totalmente obediente aos desígnios do Pai, opõe-se a Eva, que desobedeceu e com Adão pecou. O Novo Adão, o Filho de Maria, também salvará o mundo pela obediência. A antífona de entrada, retirada do profeta Isaías 61,10, canta: "Com grande alegria rejubilo-me no Senhor, e minha alma exultará no meu Deus, pois me revestiu de justiça e salvação, como a noiva ornada de suas joias". Foi isso mesmo que aconteceu na Imaculada Conceição de Maria. Ela foi revestida, pela vontade de Deus, de justiça e de toda a graça, ornada com as joias das virtudes, sobretudo a humildade e o serviço. Foi elevada porque se fez a serva do Senhor; ao conceber, pôs-se, *apressadamente*, ao serviço de Isabel. A oração do dia diz que a Virgem Maria foi imaculada desde sua concepção porque seria habitação do próprio Deus, portanto, em previsão aos méritos de Cristo, seu filho. O texto do capítulo 3 do Livro do Gênesis lembra-nos o episódio da queda e a inimizade que seria posta entre a serpente traidora e a Mulher, como também da descendência de ambas. A mulher lhe esmagaria a cabeça. Essa mulher é realmente a Virgem Maria, que com o seu *fiat* derrota o mal, ou seja, o poder da antiga serpente. O Evangelho da Anunciação, além de estar dentro do temário desse tempo litúrgico, apresenta a palavra do Anjo: *Ave, cheia de graça*. Quem está plena da graça é porque nunca conheceu a mancha do pecado. Portanto, é bíblico o mistério da preservação de Maria da mancha original. Foi a graça de Deus que a preservou de toda culpa, como nos diz a oração sobre as oferendas.

Depois de celebrarmos essa solenidade, temos, ainda, duas memórias facultativas: a de Santa Joana de Chantal e a de São Dâmaso I, papa. Ambas sem necessidade de um aprofundamento para o momento. Chegamos então a outra celebração mariana, muito próxima a nós, povos latino-americanos: a festa de Nossa Senhora de Guadalupe. Aparecendo na montanha de Tepeyac, perto da capital do México, ao índio Juan Diego, faz aparecer flores no inverno e pede que o mesmo transmita ao bispo a necessidade de construir, ali, um santuário em sua honra. Para revigorar sua fé, diz para o índio palavras tão profundas que poderão ser tomadas para nós ainda hoje: "Escute, meu filho, não há nada a temer; não fique preocupado nem assustado; não tema esta doença, nem outro qualquer dissabor ou aflição. Não estou eu aqui, do seu lado? Eu sou a sua Mãe dadivosa. Não o escolhi para mim e o tomei aos meus cuidados? Que deseja mais do que isto? Não permita que nada o aflija e o perturbe. Quanto à doença do teu tio, ela não é mortal. Eu lhe peço, acredite agora mesmo que ele já está curado [...]. Filho querido, essas rosas são o sinal que você vai levar ao bispo. Diga-lhe em meu nome que, nessas rosas, ele verá minha vontade e a cumprirá. Você é meu embaixador e merece a minha confiança [...]. Quando você chegar diante do bispo, desdobre o seu manto e mostre-lhe o que carrega, porém só na presença do bispo. Diga-lhe tudo o que viu e ouviu, nada omitindo". O nome de Santa Maria de Guadalupe não foi explicado, mas é a Virgem morena que intercede pelos povos latinos e que no Tempo do Advento nos encaminha para o encontro do Cristo que vem. A oração do dia evoca Nossa Senhora de Guadalupe como Mãe solícita dos povos da América Latina. Que ela possa, com sua intercessão, conduzir-nos mais renovados à santa Noite do Natal de seu Filho.

No dia 13 de dezembro temos a memória de Santa Luzia, virgem e mártir. Ela, cujo nome significa "luz", também prepara-nos para receber a verdadeira *luz*. Seu nome aparece na primeira Oração Eucarística ou Cânon Romano, o que confirma sua devoção ainda nos primórdios da Igreja.

No dia seguinte, 14 de dezembro, apresenta-se a figura de São João da Cruz. Por desejar fazer a reforma do Carmelo para que se voltasse à observância inicial, foi expulso do convento e tornou-se prisioneiro. No cárcere compôs belos poemas e hinos como: *A subida do Monte Carmelo*, *Cântico espiritual*, *Chama viva do amor* etc. A antífona de entrada, retirada da Carta de São Paulo aos Gálatas 6,14, evoca o mistério da cruz como sinal de vida e de ressurreição. Na mesma linha seguem as orações da missa, com os temas do amor e desapego a si mesmo, da imitação dos mistérios da paixão do Senhor, do sacrifício. Ao celebrar São João da Cruz, no Tempo do Advento, somos motivados a seguir seu exemplo de anunciar o Cristo encarnado no seio da Virgem, no desapego às coisas do mundo, para vigiar e esperar melhor a sua vinda.

Após essa memória, os dias da Semana Santa do Natal (de 17 a 24 de dezembro) têm precedência sobre as duas memórias facultativas que ainda aparecem neste tempo: São Pedro Canísio e São João Câncio.

Foi nossa intenção demonstrar, com estas reflexões sobre o Santoral no Tempo do Advento, como as celebrações poderão contribuir para nossa caminhada rumo à celebração do nascimento de nosso Senhor.

Passaremos, agora, para o capítulo seguinte, que terá como centro a própria celebração do Natal e será subdividido em dois itens: as quatro missas do Natal e a celebração da Liturgia das Horas.

2.

A CELEBRAÇÃO DO NATAL DO SENHOR

Retomamos o canto do Martirológio do Natal do Senhor, já apresentado anteriormente, e que, de certo modo, faz a preparação imediata dessa solenidade. Esta última, segundo os livros litúrgicos, é o que há de mais caro nas festividades da Igreja, após a celebração do Tríduo Pascal, pois celebra a Encarnação de Jesus Cristo. A Sagrada Liturgia, com todo o empenho e zelo, cuidou das escolhas dos textos e gestos que acompanham as quatro missas do Natal.

O Missal Dominical informa-nos que "no Tempo do Natal celebramos o nascimento e a manifestação de Jesus Cristo, luz do mundo que vem para iluminar nossas trevas" (p. 78). Nesse momento, em que retomo a escritura deste livro, é madrugada e o dia começa a clarear. Olho para a janela na direção do mar recifense e vejo a luz quando o sol começa a aparecer; primeiro uma claridade tênue para, em seguida, aparecer a esfera solar, mostrando todas as cores da natureza. Muito benfeita a comparação realizada por Zacarias, pai de João Batista: realmente Jesus é o Sol Nascente que nos veio visitar, iluminando todas as nossas trevas. Ele virá, sem demora, para iluminar e nos aquecer em sua plenitude.

O Tempo do Natal começa, portanto, com as Primeiras Vésperas do Natal e termina com a festa do Batismo do Senhor, que já corresponde ao 1º Domingo do Tempo Comum. Se, como poderá acontecer no Brasil, a solenidade da Epifania cair nos dias 7 ou 8 de janeiro, a festa do Batismo será celebrada logo na segunda-feira imediata e o domingo seguinte já será o 2º Domingo do Tempo Comum.

A liturgia do Natal caracteriza-se por quatro celebrações da Eucaristia, além da solene celebração da Liturgia das Horas, que veremos posteriormente. As missas são distribuídas da seguinte maneira: na tarde do dia 24 de dezembro, como diremos posteriormente, antes ou depois das Primeiras Vésperas de Natal, celebra-se a Missa da Vigília. Nas primeiras horas do dia 25 de dezembro, em geral à meia-noite, celebra-se a primeira Missa do Natal do Senhor, podendo ser precedida do Ofício Solene das Vigílias ou Ofício das Leituras, como está na atual Liturgia das Horas. Ao amanhecer do dia, celebra-se a Missa na Aurora do Natal; antes dessa Eucaristia poder-se-á cantar o Ofício das Laudes ou oração da manhã. Durante o dia celebra-se a outra missa dessa festividade (Missa do Dia) e à tarde as Segundas Vésperas. A cor litúrgica do tempo natalino é sempre a branca, podendo, ainda, ser usada a cor dourada ou prata.

a) As quatro missas do Natal

1. A primeira, que deverá ser celebrada antes ou depois das Primeiras Vésperas do Natal, como já dito anteriormente, é intitulada de *Missa da Vigília*, sendo uma celebração festiva com canto do Glória a Deus nas Alturas e do Credo, apesar de as antífonas de entrada e comunhão, como também a oração do dia, ainda apresentarem textos de preparação imediata para esse grande acontecimento que marcou a nossa história. Vejamos a antífona de entrada; "Hoje sabereis que o Senhor vem e nos salva; amanhã vereis a sua glória". Retirada do Êxodo 16,6-7, observamos que a Igreja deseja aflorar nos fiéis a certeza da salvação que já chegará no dia seguinte. A própria oração do dia traz, também, essa temática: "Ó Deus, que reacendeis em nós cada ano a jubilosa esperança da salvação, dai-nos contemplar com toda a confiança, quando vier como juiz, o Redentor que recebemos com alegria". Vejamos aí a junção temática das duas partes do Advento: a escatológica e a histórica. A antífona de comunhão canta que será manifestada a glória do Senhor e que todo o universo verá a salvação de Deus.

Quanto às lições, temos na primeira leitura o texto do profeta Isaías 62,1-5. Nele encontramos a profecia do encontro de Deus com Jerusalém, encontro esse que se dá com todos os homens e mulheres de boa vontade no Natal. A verdadeira justiça, Jesus Cristo, está no meio do povo. Ele é o luzeiro, uma tocha, a verdadeira salvação. Na segunda parte do texto vemos que a relação de Deus com a humanidade é a mesma que acontece entre os casais que se amam: "Assim como o jovem esposa a donzela, assim teus filhos te desposam; e como a noiva é a alegria do noivo, assim também tu és a alegria de teu Deus" (v. 5).

O salmo responsorial é o 88, apresentando os versículos que evocam o cumprimento da promessa de Deus e a alegria de tê-lo como Pai. Por isso a antífona diz que devemos cantar, eternamente, a bondade do Senhor e sua fidelidade de geração em geração. Na segunda leitura, retirada dos Atos dos Apóstolos, vemos Paulo testemunhando o próprio Cristo e fazendo uma pequena história de Israel, lembrando a libertação do povo de Deus do Egito, a escolha de Davi e o fato de que de sua descendência nasceria o Salvador, concluindo com a evocação da figura de João Batista, que anuncia um Messias que virá depois dele.

A antífona da aclamação ao Evangelho volta ao tema da certeza da vinda de Jesus e mostra isso de maneira cronológica: "Amanhã será varrida da terra a iniquidade e sobre nós há de reinar o Salvador do mundo". No Evangelho encontramos a genealogia de Jesus desde Abraão até José, isto para afirmar a historicidade de seu nascimento. A perícope se conclui com o sonho de José. Ele, na obediência da fé, recebe sua esposa, e deu ao Menino o nome de Jesus conforme fora anunciado pelo Anjo.

As orações sobre as oferendas e depois da comunhão pedem ao Pai que nos prepare com mais intensidade para a celebração da solenidade do Natal que, de certo modo, já está acontecendo, com a Missa da Vigília.

2. A *Missa da Noite* — que, onde possível, deveria ser celebrada à meia-noite, pois segundo a referência bíblica, Jesus teria nascido na quarta vigília da noite (momento da troca dos pastores que vigiavam seus rebanhos) — apresenta-nos um Natal histórico, ou seja, os textos desejam afirmar a veracidade do acontecimento, evocando espaço geográfico, tempo, personagens.

São propostas duas antífonas para a entrada. A primeira é retirada do Salmo 2,7 e constitui uma peça rara do canto gregoriano, ainda hoje cantada nos mosteiros e na Missa do Galo no Vaticano: "*Dominus dixit ad me, Filius meus est tu, ego hodie genui te*" ("O Senhor me disse: 'Tu és meu Filho, hoje eu te gerei'"). A outra sugerida é a seguinte: "Alegremo-nos todos no Senhor: hoje nasceu o Salvador do mundo, desceu do céu a verdadeira paz!". Como vemos, ambas trazem a palavra *hoje*, para mostrar a atualidade da liturgia, ou seja, o acontecimento celebrado é reportado para o presente, pela ação do Espírito Santo.

Aqui, vale salientar que o canto do Glória a Deus nas Alturas, na Missa da Noite do Natal, deverá ser sempre acompanhado com o toque dos sinos e das campainhas que estão no presbitério, para tornar mais solene o hino divino cantado pelos anjos naquela santa noite do nascimento do nosso Redentor.

A primeira leitura, de Isaías 9,1-16, apresenta-nos o tema da alegria que seguiu, historicamente, ao fim do exílio. Descreve que as trevas deram lugar à luz. Essa luz resplandeceu nas sombras da morte, pois o jugo foi tirado de nossos ombros. Tudo que lembra guerra e tristeza será queimado, consumido, porque nasceu um Menino que traz nos ombros a realeza e o poder de libertar. Ele é Deus, é o Príncipe da *paz*, e seu reino, da descendência de Davi, haverá de se consolidar para sempre.

O Salmo 95, escolhido para ser a resposta à primeira leitura dessa noite, canta logo na antífona: "Hoje nasceu para nós o Salvador, que é Cristo, o Senhor". Mais uma vez a presença da palavra *hoje* atualizando o mistério celebrado. Foram escolhidos os versículos que mais se apropriam ao momento litúrgico (cf. 1-3.11-13). Vale a pena relembrar:

Cantai ao Senhor Deus um canto novo,
Cantai ao Senhor Deus, ó terra inteira!
Cantai e bendizei seu santo nome!

Dia após dia anunciai sua salvação,
Manifestai a sua glória entre as nações,
E entre os povos do universo os seus prodígios!

O céu se rejubile e exulte a terra,
Aplauda o mar com o que vive em suas águas;
Os campos com seus frutos rejubilem
E exultem as florestas e as matas.

Na presença do Senhor, pois Ele vem,
Porque vem para julgar a terra inteira.
Governará o mundo todo com justiça,
E os povos julgará com lealdade.

Como se vê, o salmo canta a vinda do Senhor. Por isso, todo o universo deverá se rejubilar. Com o nascimento do Salvador, uma nova luz se levanta para os justos, e a nova criação começa aqui para se plenificar no Mistério Pascal. Tudo, natureza e gênero humano, ganha um novo sentido. A humanidade recebe uma incomparável dignidade, visto que Deus assume nossa própria carne, como nos diz uma das antífonas da Liturgia das Horas do Natal. Um admirável comércio aconteceu: enquanto Deus se faz homem, nós nos tornamos eternos.

Na segunda leitura encontramos Paulo escrevendo para Tito sobre a manifestação da graça de Deus que nos vem por intermédio de Jesus

Cristo. Essa graça, manifestada aos homens, nos ensina a abandonar a impiedade e viver na justiça, aguardando, com esperança, a manifestação gloriosa de Cristo. Essa manifestação dar-se-á na Parusia. Como vemos, a vinda histórica do Filho de Deus está sempre atrelada à sua volta no final dos tempos.

A aclamação ao Evangelho, após ressoar o magnífico canto do Aleluia, apresenta a antífona tirada do Evangelho, que são as próprias palavras do anjo: " Eu vos trago a Boa-Nova de uma grande alegria: é que *hoje* vos nasceu o Salvador, Cristo, o Senhor".

Na perícope evangélica temos a narrativa do que aconteceu naquela noite em Belém de Judá, com espaço determinado, tempo, personagens, enredo. Com isso, a Igreja deseja mostrar a veracidade do acontecimento e colocar Jesus, com sua humanidade, dentro da história como qualquer outro ser humano. Interessante destacar o imperador César Augusto; o recenseamento; Quirino como governador da Síria; José e Maria indo para Belém; a hora do parto virginal; a presença alegre e marcante da Igreja Triunfante, representada pelos anjos que anunciavam o maior acontecimento da história; a presença dos pastores que vigiavam (é próprio de quem vigia encontrar o Senhor); o canto dos anjos: "Glória a Deus no mais alto dos céus, e paz na terra aos homens por ele amados".

A oração do dia evoca o resplandecer daquela noite santa com a claridade da verdadeira luz e suplica que esse mesmo mistério vislumbrado na terra possa, um dia, ser contemplado por todos no céu. A oração sobre as oferendas trata do sacro comércio de dons entre céu e terra: divindade e humanidade. E a que segue à comunhão está na mesma linha da coleta: roga a Deus que possamos participar, através de uma vida santa, de seu eterno convívio. A antífona de comunhão, tirada de João 1,18, diz que o Verbo se fez carne e que vimos a sua glória.

3. A *Missa da Aurora* acentua também o Natal histórico e é uma continuação temática da Missa da Noite. A antífona de entrada canta, com segurança, que *hoje* surgiu a luz para o mundo, porque o Senhor nasceu e é o Príncipe da paz. Na oração do dia pede a Deus que a presença do Verbo encarnado como luz que invade o nosso coração possa, sempre, brilhar, pela fé, em nossas mentes.

Na primeira leitura o profeta Isaías anuncia que o povo de Deus é santo porque foi resgatado pelo Senhor; nunca mais será abandonado.

O Salmo 96 possui o mesmo tema do 95, cantado na Missa da Noite, ou seja, convocar toda a natureza presente na terra, porque o céu proclama sua justiça e uma luz se levanta para os justos. A antífona canta: "Brilha *hoje* uma luz para nós, pois nasceu o Senhor".

A segunda leitura, também de São Paulo a Tito, trata da manifestação da bondade de Deus em nosso Salvador, pois Ele nos salvou pelo Batismo no Espírito Santo e, assim, fomos justificados por sua graça.

No Evangelho temos a continuação da perícope da Missa da Meia--Noite, ou seja, o trecho que trata do retorno dos anjos para o céu e os pastores indo, às pressas, para Belém e lá encontrando Maria, José e o recém-nascido deitado na manjedoura. Ficaram maravilhados e contaram a todos o que viram e ouviram. Maria, no entanto, discretamente, meditava tudo em seu coração. Essa, ao nosso parecer, é uma atitude que devemos aprender com a Mãe de Deus: a discrição, o silêncio, saber o que falar, a quem falar e quando falar. As outras orações vão seguindo a mesma temática do Natal: luz, mistério contemplado, fé no Filho de Deus.

4. A *Missa do Dia*, podemos dizer, apresenta-nos um Natal teológico, pois a preocupação não é tanto com a história do nascimento de Jesus, mas com a encarnação de Deus no mundo.

A primeira oração diz: "Ó Deus, que admiravelmente criastes o ser humano e mais admiravelmente restabelecestes a sua dignidade, dai-nos participar da divindade do vosso Filho, que se dignou assumir a nossa humanidade". Novamente vemos aqui presente o tema da troca de dons entre o céu e a terra (divindade e humanidade).

Na primeira leitura, também retirada do profeta Isaías 52,7-10, temos o anúncio da beleza dos pés (dos passos) daquele que prega a paz. Vislumbramos, ainda, o tema da alegria e da volta do Senhor a Sião. Ele veio para consolar e resgatar Jerusalém, e todos os confins da terra verão a salvação que vem de Deus. Como se vê, essa profecia cumpriu-se, plenamente, no dia do Natal. O salmo responsorial 97 segue essa mesma linha de pensamento, mostrando que Deus é fiel às suas promessas e que toda a terra deverá se alegrar pela contemplação da salvação que nos é oferecida por Deus nesse santo dia.

O texto da Carta aos Hebreus 1,1-6, escolhido para a segunda leitura, evoca as manifestações de Deus ao longo da história de Israel, como Ele falou ao seu povo por meio dos profetas e, agora, nesses dias, que são os últimos, falou-nos pelo seu próprio Filho, a quem constituiu herdeiro de todas as coisas e pelo qual criou o universo.

A antífona que prepara para a leitura do Evangelho ressalta o valor do dia de Natal: "Despontou o santo dia para nós: Ó nações, vinde adorar o Senhor Deus, porque *hoje* grande luz brilhou na terra". Como vemos, todas as nações são convocadas para a adoração do Salvador que veio, mostrando, assim, a universalidade salvífica. Todos são chamados à redenção.

O Evangelho apresenta o prólogo de São João (cf. 1,1-18), tratando da Palavra presente desde toda a eternidade, hoje encarnada, anunciada por João, motivo de contradição, porque muitos não a receberam, mas para aqueles que se abriram a ela, Deus lhes deu a capacidade de se tornarem seus filhos. João dá testemunho de tudo isso. Ele disse: "O que vem depois de mim passou à minha frente, porque Ele existia antes de mim". Dessa Palavra encarnada recebemos a plenitude da graça, pois Moisés nos deu a lei, mas a graça e a verdade nos vieram por Jesus Cristo. Deus, portanto, foi revelado *hoje* pelo seu Filho Unigênito.

Na antífona de comunhão encontramos o seguinte texto: "O mundo inteiro viu o Salvador, que nos foi enviado por Deus" e a oração que segue pede a Deus o dom da imortalidade, visto que o nascimento de Jesus Cristo nos fez nascer para a vida divina.

Concluídas nossas reflexões sobre as quatro missas do Natal, passaremos a meditar sobre a riqueza da Liturgia das Horas para essa celebração litúrgica.

b) A Liturgia das Horas

Iniciamos nossas considerações com as Primeiras Vésperas do Natal do Senhor, visto que elas dão início à celebração desse dia litúrgico. Vejamos o hino que será o mesmo para as Segundas Vésperas e oitava:

Ó Redentor do mundo,
Do eterno Pai gerado
Já antes do universo,
Qual Filho bem amado.

Do Pai luz e esplendor
Nossa esperança eterna,
Ouvi dos vossos servos
A prece humilde e terna.

Lembrai, autor da vida,
Nascido de Maria,
Que nossa forma humana
Tomastes, neste dia.

A glória deste dia
Atesta um fato novo,
Que vós, do Pai descendo,
Salvastes vosso povo.

Saúdam vossa vinda
O céu, a terra, o mar,
E todo ser que vive
Entoa o seu cantar.

E nós, por vosso sangue,
Remidos como povo,
Vos celebramos *hoje*,
Cantando um canto novo.

A glória a vós, Jesus,
Nascido de Maria
Com vosso Pai e o Espírito
Louvores cada dia.

Podemos dividir o hino em duas grandes partes. A primeira, nos mostra a eternidade do Filho, sempre junto do Pai, e seu esplendor. Esse filho nasceu de Maria e glorificou esse dia para sempre. A segunda parte convoca o universo, representado pelo céu, a terra e o mar, a saudar a vinda de Jesus Cristo, fazendo na penúltima estrofe a menção da Páscoa, pois o que prova a divindade do Menino de Belém é justamente a Páscoa, a redenção que nos foi dada pelo seu sangue, que se reergueu vivo em redenção na manhã do Domingo da Ressurreição. Por isso não podemos separar a celebração do Natal do Mistério Pascal, que é a sua plenitude.

As antífonas das Primeiras Vésperas dizem: "O Príncipe da paz foi exaltado: deseja toda a terra a sua face; Deus envia suas ordens para a terra, e a Palavra que ele diz corre veloz; *hoje* o Verbo Divino, gerado pelo Pai já bem antes dos tempos, humilhou-se a si mesmo e, por nós, se fez homem". A primeira e a segunda antífona introduzem os Salmos 112 e 147 respectivamente, a terceira refere-se, justamente, ao texto de Filipenses 2,6-11 que trata da *kénosis* ("rebaixamento") de Jesus ao assumir, por amor, a nossa natureza humana. Por essa sua obediência é que o Pai o exaltou acima de tudo e o constituiu cabeça da sua Igreja.

A leitura breve é a mesma da segunda leitura da solenidade da Santa Mãe de Deus em 1º de janeiro: "Quando se completou o tempo, Deus enviou seu Filho nascido da mulher, sob o jugo da lei para resgatar os que estavam sujeitos à lei e assim torná-los filhos adotivos" (cf. Gl 4).

O responsório breve afirma que hoje sabemos que o Senhor virá e que amanhã haveremos de vê-lo em nosso meio. Nessa mesma linha de pensamento apresenta-se a antífona do Magnificat (cântico da Virgem Maria): "Quando o sol aparecer no horizonte, contemplareis o Rei dos reis sair do Pai como o esposo de seu quarto nupcial". A oração conclusiva é a mesma da Missa da Vigília, já dita anteriormente.

É louvável que a Missa da Noite seja precedida pelo Ofício das Vigílias ou Ofício das Leituras, que sempre apresenta os Salmos 2, 18, 22, os quais tratam da Palavra gerada, encarnada e anunciada. Essa palavra é a nossa guia, daí a presença do salmo do Bom Pastor. Mas o interessante a refletir nessas Vigílias Solenes são os dois textos escolhidos para essa hora, mesmo que no Lecionário Monástico existam muitas outras opções. A leitura bíblica, tirada do profeta Isaías 11,1-10, trata da paz messiânica e a raiz de Jessé: "O lobo e o cordeiro habitarão juntos; o leopardo deitar-se--á ao lado do cabrito; o bezerro e o leãozinho pastarão juntos, um menino os poderá tanger; a vaca e o urso comerão na mesma pastagem e juntos repousarão os seus filhotes; o leão comerá palha como o boi. A criancinha brincará na cova da serpente e no covil das víboras um menino porá a mão [...]. Naquele dia um rebento de Jessé erguer-se-á como o sinal dos povos". Lembramos, aqui, que este texto foi maravilhosamente musicado pelo pernambucano Reginaldo Veloso no famoso cântico, nacionalmente conhecido, que tem como refrão: "Da cepa brotou a rama, da rama brotou a flor, da flor nasceu Maria, de Maria o Salvador".

O responso para essa leitura é o texto já, tradicionalmente, conhecido: "Hoje o Rei do céu, por nosso amor, dignou-se nascer de uma virgem, para chamar ao reino celeste o homem que se perdera. Alegre-se a multidão dos anjos, pois manifestou-se para os homens a salvação eterna. Glória a Deus nas alturas e paz na terra aos homens por ele amados".

A leitura patrística é um dos textos mais belos para a celebração do Natal do Senhor. Trata-se do tradicional sermão de São Leão Magno, papa, sobre a dignidade de ser cristão a partir do nascimento do Salvador. Vale a pena recordá-lo (Liturgia das Horas, Ofício das Leituras, pp. 88-89):

> Nosso Salvador, amados filhos, nasceu *hoje* (grifo nosso); alegremo-nos. Não pode haver tristeza quando nasce a vida: dissipando o temor da morte, enche-nos de alegria com a promessa da eternidade.
> Ninguém está excluído da participação nesta felicidade. A causa da alegria é comum a todos, porque nosso Senhor, aquele que destrói o pecado e a morte, não tendo encontrado nenhum homem isento de culpa, veio libertar a todos. Exulte o justo, porque se aproxima da vitória; rejubile o pecador, porque é convidado ao perdão; reanime-se o pagão, porque é chamado à vida.
> Ao chegar a plenitude dos tempos, fixada pelos insondáveis desígnios divinos, o Filho de Deus assumiu a natureza do homem para reconciliá--lo com o seu Criador, de modo que o demônio, autor da morte, fosse vencido pela mesma natureza que ele antes vencera.
> Eis por que, no nascimento do Senhor, os anjos, exultantes de alegria, cantam: "Glória a Deus nas alturas" e anunciam: "Paz na terra aos homens de boa vontade". Eles veem a Jerusalém celeste ser formada de todas as nações do mundo. Diante dessa obra inexprimível do amor divino, como não devem alegrar-se os homens, em sua pequenez, quando os anjos, em sua grandeza, assim se rejubilam.
> Amados filhos, demos graças a Deus Pai, por seu Filho, no Espírito Santo; pois, na imensa misericórdia com que nos amou, compadeceu--se de nós; "e quando estávamos mortos por nossos pecados, fez-nos

reviver em Cristo" para que fôssemos nele uma nova criação, nova obra de suas mãos.

Despojemo-nos, portanto, do velho homem com seus atos; e tendo sido admitidos a participar do nascimento de Cristo, renunciemos às obras da carne.

Toma consciência, ó cristão, da tua dignidade, e já que participas da natureza divina, não voltes aos erros de antes por um comportamento indigno de tua condição. Lembra-te de que cabeça e de que corpo és membro. Recorda-te de que foste arrancado do poder das trevas e levado para a luz e o reino de Deus.

Pelo sacramento do Batismo te tornaste o templo do Espírito Santo. Não expulses com más ações tão grande hóspede, não recaias sob o jugo do demônio, porque o preço de tua salvação é o sangue de Cristo.

Como vemos, São Leão Magno coloca nesse sermão tudo que deverá ser vivenciado em nossas vidas de cristãos batizados a partir dessa Santa Noite de Natal. Primeiro reconhecendo nossa dignidade de cristãos e a partir daí agir como tal. Não permitindo que caiamos no poder das trevas por uma vida distanciada do Evangelho de Cristo, mas em tudo deveremos trabalhar para que possamos ser membros dignos do Corpo de Cristo, a sua Igreja.

O responsório para essa leitura também é muito conhecido e possui várias melodias compostas em comunidades religiosas e coros paroquiais. Eis o texto: *"Hoje* desceu do céu para nós a verdadeira paz. *Hoje* por todo o mundo os céus destilaram mel. *Hoje* raiou para nós o dia da nova redenção, há séculos preparada, da eterna felicidade". Continuamos observando a presença marcante do vocábulo "hoje", também, na Liturgia das Horas, isto pelo mesmo motivo de atualização do mistério que a Sagrada Liturgia. O Ofício de Completas é rezado, apenas, por aqueles que não participam das Vigílias e da Missa da Noite.

Veremos, agora, como se compõem as Laudes (oração da manhã) do Natal. Comecemos pelo hino:

Do sol nascente ao poente
Cantai, fiéis, neste dia,
Ao Cristo Rei que, por nós,
Nasceu da Virgem Maria.

Autor feliz deste mundo,
Tomou um corpo mortal.
A nossa carne assumindo,
Livrou a carne do mal.

No seio puro da Virgem
Entrou a graça dos céus.
Em si carrega um segredo
Sabido apenas por Deus.

O casto seio da Virgem
Se faz o templo de Deus.
Gerou um homem um Filho,
O Autor da terra e dos céus.

Nasceu da Virgem o Filho
Que Gabriel anunciou,
Em quem no seio materno
João, o Batista, exultou.

Não recusou o presépio,
Foi sobre o feno deitado;
Quem mesmo as aves sustenta
Com leite foi sustentado.

Do céu os coros se alegram,
Os anjos louvam a Deus.
Pastor se mostra aos pastores
Quem fez a terra e os céus.

Louvor a vós, ó Jesus,
Que duma Virgem nascestes.
Louvor ao Pai e ao Espírito
No azul dos paços celestes.

Na primeira estrofe do hino vemos, logo, que ele poderá ser cantado nas Laudes e Vésperas, pois traz os temas da manhã e da tarde: "Do sol nascente ao poente". A sua teologia centra-se no mistério da Encarnação no seio virginal de Maria. Deus feito homem, anunciado por Gabriel e pressentido por João Batista, assume a natureza humana e alimenta-se de leite como qualquer outra criança recém-nascida.

As três antífonas para os salmos do domingo da primeira semana do saltério, os quais sempre aparecem nas solenidades e festas: 62 e 149, como também para o cântico de Daniel 3,57-88.56, anunciam a historicidade do Natal do Senhor evocando os pastores e os anjos. São elas (Oração das Horas, pp. 174-175):

Ant. 1:	A quem vistes, ó pastores? Anunciai e nos dizei quem na terra apareceu? Nós vimos um menino e os anjos a cantar E a louvar Nosso Senhor. Aleluia.
Ant. 2:	Disse o anjo aos pastores: Eu vos trago a Boa-Nova de uma grande alegria: Nasceu *hoje* para vós o Salvador do universo. Aleluia.
Ant. 3:	Um menino nasceu hoje para nós: O seu nome é Deus forte, aleluia.

A leitura breve foi escolhida da Carta aos Hebreus 1,1-2, evocando que de muitos modos, no passado, Deus falou pelos profetas, mas nestes dias falou por meio do seu Filho a quem constituiu herdeiro de todas as coisas e pelo qual criou o universo. O responso breve canta que o Senhor fez conhecer a sua salvação, e a antífona do Benedictus (Canto de Zacarias) traz o alegre canto dos anjos ao anunciarem o Natal do Senhor: "Glória a Deus nos altos céus, e na terra paz aos homens que Ele ama. Aleluia". A oração conclusiva é a mesma da Missa da Aurora, já citada anteriormente.

A Hora Média caracteriza-se por uma única antífona para os três salmos: 18B, 46 e 47. A mesma faz alusão à postura discreta da Virgem Maria diante de tais acontecimentos: "Maria guardava no seu coração as palavras e os fatos, e neles pensava". A leitura breve vem da Primeira Carta de João 4,9: "Foi assim que o amor de Deus se manifestou entre nós: Deus enviou o seu Filho único ao mundo, para que tenhamos vida por meio dele". O versículo e sua resposta vêm do Salmo 97: os confins da terra contemplaram a salvação de nosso Deus.

As Segundas Vésperas de Natal possuem o mesmo hino das primeiras. As antífonas para os Salmos 109 e 129, como também para o cântico de Colossenses 1,12-20, enfatizam o aspecto mais teológico do Natal (Oração das Horas, pp. 180-181):

Ant. 1: Tu és príncipe desde o dia em que nasceste;
Na glória e esplendor da santidade,
Como o orvalho, antes da aurora, eu te gerei.

Ant. 2: No Senhor se encontra toda a graça
E copiosa redenção.

Ant. 3: No princípio, antes dos tempos, o Verbo era Deus.
E o Verbo *hoje* nasceu como nosso Salvador.

A leitura breve é retirada da Primeira Carta de João 1,1-3. Primeiro temos a experiência de Deus e do Verbo da vida porque vimos e ouvimos. E isso devemos anunciar, intensamente, para entrarmos em comunhão uns com os outros, como também com o Pai e com o Filho. O responso breve é o tradicional versículo 18 do capítulo 1 do Evangelho de João: Et *verbum caro factum est. Alleluia, alleluia. Et habitavit in nobis. Alleluia, alleluia* ("O Verbo se fez carne e habitou entre nós, aleluia, aleluia").

O cântico evangélico anuncia o nascimento do Salvador no dia de hoje, a alegria dos anjos, dos arcanjos e dos homens justos. Vejamos: "Jesus Cristo *hoje* nasceu, apareceu o Salvador. *Hoje* na terra os anjos cantam e se alegram os arcanjos. *Hoje* exultam de alegria os homens justos a dizer: Glória a Deus nos altos céus. Aleluia, aleluia". A oração conclusiva é a mesma da Missa do Dia, como vimos anteriormente, e trata de Jesus assumindo a nossa humanidade, restabelecendo assim nossa dignidade de filhos adotivos. As preces de todas as horas do dia de Natal relacionam-se com o mistério celebrado e sempre pedem pela Igreja como um todo.

Vale a pena lembrar a rubrica desse dia referindo-se à Oitava do Natal (Oração das Horas, p. 183): "Durante a Oitava do Natal, as Vésperas são sempre do dia da oitava, como vem indicado, ainda que nas outras horas se tomem os textos da festa, com exceção das solenidades e do domingo da Sagrada Família". Lembramos, ainda, que o hino, antífonas, salmos e cântico são sempre das Segundas Vésperas do Natal.

Com essa hora canônica, as Segundas Vésperas do Natal, encerramos a celebração dessa solenidade. Passaremos a apresentar a vivência da festa dividida nos seguintes blocos: a Oitava do Natal; o Tempo do Natal antes e depois da Epifania; a celebração da Epifania do Senhor; a festa de seu Batismo e de sua apresentação no Templo.

3.

A VIVÊNCIA DO NATAL

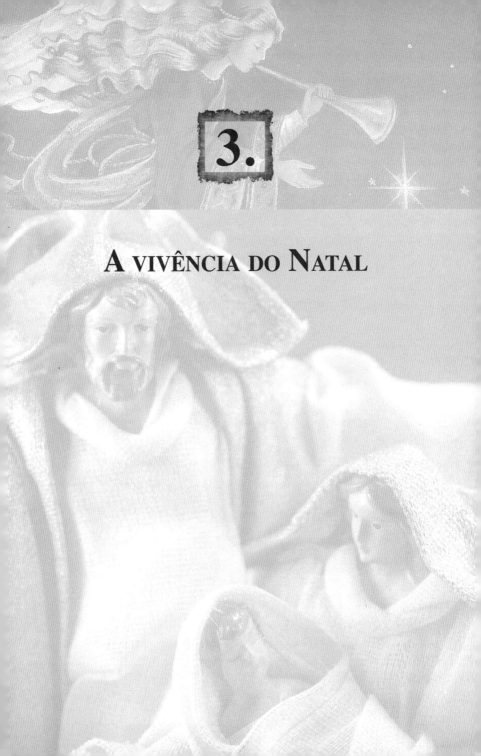

O prolongamento da solenidade do Natal se dá pela sua vivência a partir de um conjunto de festas e solenidades que a Igreja celebra com todo o empenho e dignidade. Como já anunciamos, a primeira parte dessa continuidade do Natal compõe-se de sua oitava, ou seja, os oito dias que seguem ao Natal constituem-se como um único dia festivo e que, de maneira catequética, vai aprofundando o mistério da Encarnação do Redentor. No domingo que ocorre dentro da Oitava do Natal celebra-se, sempre, a festa da Sagrada Família, a não ser que o Natal seja em um domingo; neste caso, o dia da Sagrada Família será sempre o dia 30 de dezembro, uma sexta-feira, como já dito na apresentação desta obra.

a) A Oitava do Natal

A festa da Sagrada Família, portanto, faz parte da Oitava do Natal e com ela começaremos as nossas reflexões desses dias festivos. As antífonas de entrada e de comunhão, como também as três orações da missa, são sempre as mesmas todos os anos, havendo uma variação em ano A, B e C para o Evangelho e de Ano B e C para as leituras.

A oração do dia traz o seguinte texto: "Ó Deus de bondade, que nos destes a Sagrada Família como exemplo, concedei-nos imitar em nossos lares as suas virtudes para que, unidos pelos laços do amor, possamos chegar um dia às alegrias da vossa casa". Vê-se que a oração deseja colocar a assembleia celebrante na teologia da festa e, de certo modo, motivar a união familiar que deverá viver conforme os exemplos de Jesus, Maria e José.

A primeira leitura, do Livro do Eclesiástico, mostra como os filhos deverão tratar dos seus pais na velhice. Aqueles que os honram terão vida longa e a reparação dos pecados. Infelizmente, em nossos dias, não se vê mais esse ideal de relação familiar. De certo modo, a família está desintegrada. Muitos dos filhos nascem de sexo sem responsabilidade e não são mais fruto do amor, mas de um momento de paixão, estão na rua, nos centros das grandes cidades e, por não terem uma família que os oriente, tornam-se marginais ainda na tenra idade. Aqueles que nascem de uma família estruturada sofrem com a ausência dos pais, que necessitam trabalhar e mal têm tempo para os filhos. Estes últimos são entregues a terceiros, muitas vezes sem responsabilidade e até com violência contra as crianças, como temos visto na mídia. Ficam, também, nos chamados hoteizinhos, abrigos ou creches, e, ao chegarem à adolescência, criam seus ciclos de amizade conforme suas preferências e perdem o referencial dos pais e da própria fé.

Outro problema do desgaste familiar é a velhice. Como é triste ver a realidade dos asilos e abrigos de idosos! Pessoas desamparadas, marginalizadas pelas próprias famílias (por falta de tempo para cuidar ou mesmo acomodação), que ficam à mercê do tempo sem nenhum incentivo para viver, sem nenhum gesto de amor e carinho. Para suprir essa carência, em boa hora, a Igreja criou uma Pastoral da Visitação.

Está, pois, na hora de ouvirmos estas palavras no Livro do Eclesiástico, sobretudo no dia em que a Sagrada Família nos é apresentada como exemplo a ser seguido. Vejamos bem: quem cuida dos pais na velhice terá longa vida e o perdão dos pecados. Motivemo-nos, portanto, a esta obra de caridade com aqueles que nos antecederam, dando-nos a vida biológica ou mesmo o exemplo, construindo uma sociedade melhor para nós.

O salmo responsorial, também cantado nas celebrações matrimoniais em que se institui um lar cristão, é o 127 e evoca o tema da esposa como videira fecunda; dos filhos em redor da mesa e da bênção que Deus concede àqueles que o temem.

A segunda lição vem de Colossenses 3,12-21 e propõe como deverá ser o relacionamento humano do qual a família é a célula básica. Devemos nos revestir de misericórdia, bondade, humildade, mansidão e paciência, suportando-nos e perdoando-nos mutuamente. As esposas deverão ser solícitas para com os maridos e esses deverão amá-las. Os filhos, por sua vez, deverão ser obedientes aos pais, que não os intimidarão para que não desanimem. Vemos aqui o ideal de lar cristão, tendo por base o amor e a humildade.

Os Evangelhos são apresentados da seguinte maneira: para o ano A temos a passagem da fuga da Sagrada Família para o Egito (Mt 2,13-15.19-23). Vemos, aqui, de modo muito claro, a preocupação de Maria e José em proteger o Filho do iníquo Herodes. E José apresentando-se em ação: "José levantou-se de noite [...]; 'levanta-te, pega o Menino e sua mãe e volta para a terra de Israel' [...]; José levantou-se, pegou o Menino e sua mãe e entrou na terra de Israel [...]. José retirou-se para a região da Galileia". No ano B temos a perícope de Lc 2,22-40, que trata da apresentação do Menino Jesus no Templo; sendo assim, Maria e José cumprem toda a lei mosaica e oferecem o sacrifício dos pobres de Israel: um par de rolas ou dois pombinhos. O velho Simeão profetiza (Lc 2,29-32): "Agora, Senhor, conforme a tua promessa, podes deixar teu servo partir em paz, porque meus olhos viram a tua salvação, que preparaste diante de todos os povos: luz para iluminar as nações e glória do teu povo Israel". A velha Ana também dava graças a Deus por tudo o que estava contemplando. Aprofundaremos mais esse texto ao meditarmos, posteriormente, a festa da Apresentação do Senhor.

O Evangelho do Ano C narra o episódio de Jesus, aos doze anos, celebrando a festa da Páscoa em Jerusalém (Lc 2,41-52) e a preocupação de seus pais quando não o encontraram na caravana de retorno. Interessante notar a obediência de Jesus, que desceu com eles para Nazaré e lhes era submisso.

No Lecionário Romano encontramos, ainda, propostas de primeiras e segundas leituras para os Anos B e C. Vejamos o Ano B, que apresenta como primeira leitura o texto do Gênesis 15,1-6; 21,1-3, em que Deus promete para Abrão uma família, ou seja, uma descendência vinda de Sara e mais numerosa que as estrelas do céu e, realmente, todos nós somos descendentes de Abraão pela fé. Isaac, seu filho, posteriormente seria figura de Jesus Cristo no momento que seria oferecido pelo pai em holocausto, levando a própria lenha da fogueira nos ombros, símbolo da árvore da cruz. A segunda leitura, para esse ciclo de leituras, de certo modo, complementa a primeira. É tirada da Carta aos Hebreus 11,8.11-12.17-19 e afirma que as promessas de Deus foram cumpridas, pois, por acreditar, não hesitando em entregar o seu único filho, Isaac, Abraão obteve uma numerosa descendência.

No Ano C deparamo-nos, na primeira leitura, com o texto de 1Sm 1,20-22.24-28, sobre o nascimento de Samuel, o filho tão pedido e tão querido por Ana. Ao desmamar o menino, levou-o ao templo e lá, após oferecer os sacrifícios prescritos, apresenta-o ao Senhor, deixando-o definitivamente sob a guarda de Eli. Vemos aqui, também, o modelo da família de Nazaré: Elcana e Ana apresentando o filho no templo, o mesmo gesto que os pais de Jesus fizeram na plenitude dos tempos. Na segunda leitura, retirada da Primeira Carta de João 3,1.2.21-24, João nos assegura que o Pai nos deu uma grande prova de amor, aceitando-nos como seus filhos adotivos, em Jesus Cristo, e quando o contemplarmos, seremos semelhantes a Ele, porque o veremos tal como Ele é. Daí ser importante a observância dos mandamentos que se resumem no amor de Deus e do próximo. Formamos, assim, uma família sagrada e escatológica, no Espírito Santo.

A oração sobre as oferendas pede a intercessão da Virgem Mãe de Deus e do bem-aventurado São José para que nossas famílias vivam em paz e na graça de Deus. A que segue o momento da comunhão também faz uma súplica, para que após as dificuldades desta vida possamos conviver com a Sagrada Família no céu e a imitemos, sempre, em nossos lares.

Antes de concluir nossas reflexões sobre a festa da Sagrada Família, não poderíamos deixar de falar no belo sermão do papa Paulo VI quando esteve na Terra Santa, mais especificamente na cidade de Nazaré. O referido sermão está apresentado pela Liturgia das Horas — Ofício das Leituras, justamente como leitura patrística para essa festa, apresentando as lições de Nazaré. Em primeiro lugar, uma lição de *silêncio*. Como é importante o silêncio nos dias conturbados de hoje. A oração do dia para a memória de São Bruno, em 6 de outubro, pede que sejamos silenciosos em meio à agitação do mundo. O silêncio não é ficar calado obsequiosamente, mas falar o que deve ser dito, pedir a inspiração do Senhor para isso, e dizer na hora conveniente, da maneira correta e para as pessoas certas. Fazer como a Virgem Maria que meditava e guardava, no coração, todos os fatos que via e ouvia ao seu redor. A outra lição trata da *vida familiar*. Infelizmente, observamos, nos dias de hoje, a desintegração da família; os lares se desfazem, os filhos debandam por caminhos tortuosos por não encontrarem mais a fortaleza nos pais, e a sociedade fica cada vez mais doente. Por que temos menores nas ruas ainda na tenra idade? Porque eles não têm pai e mãe para amá-los. Os filhos que crescem dentro da relação amorosa de uma família, mesmo na maior condição de miséria, não vão para a marginalidade, nem para a droga, para a degradação. Devemos, pois, seguir o modelo da Sagrada Família: a preocupação de José em proteger sua esposa e seu filho. Percebemos a solicitude de Maria para com José e Jesus, e a obediência de Nosso Senhor a José e Maria. Esses valores devem ser cotejados e vivenciados dentro da Oitava do Natal e, mais particularmente, nessa celebração litúrgica da Santa Família de Nazaré. E, finalmente, uma lição de *trabalho*. No Antigo Testamento, mais propriamente em Gênesis 3, vemos que o trabalho entrou para a condição humana como consequência do pecado. Com o passar do tempo e com a chegada de Jesus Cristo, o trabalho foi elevado a um grande patamar de dignidade, pois o próprio Filho de Deus trabalhou e afirmou que o Pai também trabalha. Maria e José trabalharam; as Sagradas Escrituras nos afirmam ser Jesus o filho do carpinteiro. Encontramos, ainda, nas cartas paulinas uma teologia sobre o trabalho. É justo ao trabalhador receber o seu salário... Quem não quiser trabalhar não coma. Nosso Pai, São Bento, na Santa Regra que escreveu para nós, os monges, diz que a ociosidade é inimiga da alma. Assim, não deveremos ver mais o trabalho como uma cruz, mas uma maneira de contribuir com o Pai em sua obra criadora. Nosso trabalho, seja qual for, além de nos dignificar, faz com que contribuamos para o bem social, na relação uns com os outros, pois ele deverá estar, sempre, em função do próximo. No trabalho digno, com salário justo, poderemos ter já aqui na terra a verdadeira justiça e, consequentemente, a paz, como já nos disse o lema da Campanha da Fraternidade de 2009: *a paz é fruto da justiça*.

Refletiremos, agora, sobre os três primeiros dias que seguem ao nascimento de Jesus. A liturgia nos apresenta, logo, um Santoral em grau de festa: Santo Estêvão, o protomártir, no dia 26 de dezembro; São João, apóstolo e evangelista, em 27 de dezembro, e a celebração dos Santos Inocentes no dia 28 de dezembro. Poderíamos fazer a seguinte indagação: Por que celebrar Santo Estevão e São João, se eles apareceram e glorificaram a Deus quando Jesus já era adulto e após sua ressurreição? Para esses dois casos, a Igreja deseja enfatizar o aspecto teológico, e não o cronológico. No dia seguinte ao nascimento do Salvador do mundo, já celebramos o primeiro mártir que com seu próprio sangue testemunha a divindade de Cristo, e no dia 27 de dezembro temos São João, pois foi ele quem cantou sobre o Verbo da vida que se fez carne e habitou entre nós (cf. Jo 1,1-18; 1Jo 1,1-4). Quanto aos Santos Inocentes, as crianças de até dois anos de idade que o maldoso rei Herodes mandou trucidar, são celebrados nesse dia devido à proximidade cronológica com o fato histórico do nascimento de Jesus.

Vejamos, agora, a celebração litúrgica de cada uma delas no que se refere à celebração da Eucaristia. Começando pela festa de Santo Estêvão, vemos que as antífonas de entrada e de comunhão afirmam sua entrada no céu, cujas portas se abriram para recebê-lo e coroá-lo, acentuando a oração que é feita no momento de sua passagem para o céu: "Senhor Jesus, recebe o meu espírito". A oração do dia assim nos exorta: "Ensinai-nos, Senhor, a imitar o que celebramos, amando os nossos inimigos, a exemplo do primeiro mártir, Santo Estêvão, que soube implorar o perdão para os seus perseguidores". Vemos que essa primeira oração da missa adentra, em cheio, a vida do mártir, que deu exemplo de amor aos inimigos ao perdoar quem o apedrejava. A oração sobre as oferendas pede apenas que o Senhor receba esses dons no dia da memória de Santo Estêvão. Enquanto a oração depois da comunhão recorda-nos o santo do dia e faz uma menção ao Natal. Vejamo-la: "Nós vos damos graças, Senhor, porque, na vossa infinita misericórdia para conosco, nos salvais com o nascimento do vosso Filho e nos alegrais com a festa do mártir Santo Estêvão".

A primeira leitura traz a perícope dos Atos dos Apóstolos sobre o seu martírio, mostrando que alguns membros da sinagoga chamados de libertos tinham raiva de Estêvão, o qual falava sob a inspiração do Espírito Santo e teve a visão do céu com Jesus à direita de Deus. Por isso, colocaram-no para fora da cidade e o apedrejaram. Estêvão, por sua vez, perdoava os inimigos e entregava o seu espírito a Deus, citando na sua oração o Salmo 30: "Senhor Jesus, recebe o meu espírito". Por isso mesmo é que o salmo responsorial para o dia é o Salmo 30, em especial os versículos que mostram o abandono do homem nas mãos do Senhor. O Evangelho mostra Jesus prevendo o que aconteceria com os seus seguidores: seriam entregues aos tribunais e açoitados nas sinagogas por causa dele. Seriam entregues diante de governadores e reis, mas naquele momento o Espírito do Pai daria as palavras certas para serem pronunciadas; seriam odiados por causa do seu nome, mas aquele que persevera até o fim será salvo. Vemos a aplicação do texto ao que aconteceu com Estêvão, que perseverou até a efusão do sangue no nome e na doutrina do Senhor. Ele não se intimidou e foram-lhe dadas palavras certas direcionadas àqueles que o apedrejavam.

Chegamos, agora, na comemoração de São João, apóstolo e evangelista, que, como já foi dito, é o evangelista da Encarnação do Verbo de Deus. Conforme a antífona de entrada, ele foi aquele que repousou no peito do Senhor e espalhou por toda a terra as palavras de vida. A oração do dia afirma que conhecemos os mistérios do Filho de Deus através do apóstolo João e pede para que sejamos capazes de conhecer e amar o que ele ensinou de modo incomparável. A primeira leitura vem, justamente, de sua primeira carta (1,1-4), tratando da experiência de Deus vista e ouvida por nós e que deverá ser transmitida para que entremos em comunhão com Deus e com os irmãos. No Evangelho, encontramos a narrativa da ressurreição do Senhor, maior testemunho dado por João da divindade do Verbo. Aquele que fora crucificado agora vive! Ao receberem a notícia, através de Maria Madalena, de que o corpo do Senhor Jesus não estava mais no túmulo, ele corre junto com Pedro e chega primeiro à tumba, mas em respeito ao primado petrino não entra logo, para que seja aquele que Jesus designou a apascentar o seu rebanho o primeiro a constatar o túmulo vazio. Em seguida, João entrou, viu e acreditou. Tanto a oração sobre as oferendas como a que segue à comunhão tratam do Verbo. A primeira pede que possamos haurir na ceia da missa os mistérios do Verbo eterno, e a outra suplica que o Verbo feito carne, anunciado por João, habite sempre em nós.

O terceiro dia da Oitava do Natal, como já foi dito, celebra a festa dos Santos Inocentes. Conforme o Missal Cotidiano (p. 1.841):

> Todos os calendários litúrgicos orientais incluem essa festa. No Ano Litúrgico, que se desenvolve segundo a narração cronológica dos fatos evangélicos, o relato do morticínio dos inocentes (cf. Mt 2,13-18) encontrou sua posição lógica ao lado do mistério do Natal. A festa e o culto dos Santos Inocentes, que "confessaram a Cristo não com palavras, mas com a morte", lembra-nos que o martírio, antes de ser uma homenagem do homem a seu Deus, é uma graça, um dom gratuito do Senhor. Louvar a Deus pelo sangue das crianças inocentes deixa de parecer um absurdo para quem sabe contemplar na fé o Cordeiro, Jesus Cristo, vencedor de todo o mal.

As antífonas de entrada e de comunhão colocam a assembleia bem dentro do acontecimento celebrado. Dizem elas: "Os meninos inocentes foram mortos por causa de Cristo. Eles seguem o Cordeiro sem mancha, e cantam: Glória a ti, Senhor [...]. Os meninos de Belém foram resgatados dentre os homens, primícias para Deus e para o Cordeiro, e o acompanham por toda parte".

A oração do dia trata dos mártires inocentes como aqueles que proclamaram a glória do Senhor não por palavras, mas pela própria morte, e pede a Deus para que possamos, também, testemunhar com a nossa vida aquilo que nossos lábios professam. É, ainda, contundente observar a oração depois da comunhão, que afirma esses santos como aqueles que mesmo sem balbuciar o nome de Jesus já foram glorificados pela graça de seu nascimento. A Primeira Carta de São João, apresentada como leitura, lembra-nos que Deus é luz e nele não há trevas. Nós também devemos nos esforçar para sermos sempre luz a iluminar os outros e nunca pedra de tropeço. Caminhando como filhos da luz, estaremos em comunhão com os outros, e o sangue de Jesus nos purifica de todo o pecado, Ele que foi a vítima de expiação de todos os pecadores. Os Santos Inocentes não conheceram as trevas, já que, ainda na tenra idade, receberam a palma do martírio para testemunhar a verdadeira luz. O salmo de resposta é o 123, que apresenta a seguinte antífona: "Nossa alma como um pássaro escapou do laço que lhe armara o caçador". O caçador, Herodes, não teve sucesso, pois Jesus foi preservado da morte naquele momento e os meninos inocentes receberam a verdadeira vida ao irem para a luz de Deus.

O Evangelho, como já anunciado antes, mostra o episódio da matança das crianças inocentes, cumprindo assim a palavra do profeta Jeremias: "Ouviu-se um grito em Ramá, choro e grande lamento: é Raquel, que chora os seus filhos, e não quer ser consolada, porque eles não existem mais".

Vale a pena lembrar, neste momento de nossas reflexões, que a celebração desse Santoral nos primeiros três dias da Oitava do Natal refere-se, apenas, ao Ofício das Leituras, Laudes, Hora Média e Santa Missa. As Vésperas são as mesmas do dia de Natal, mas com leitura breve, preces e orações próprias para cada dia. Vejamos como se compõem essas orações e como possuem uma teologia ligada ao mistério da Encarnação do Senhor:

Dia 26.12: Concedei, ó Deus todo-poderoso, que o novo nascimento de vosso Filho como homem nos liberte da antiga escravidão do pecado.

Dia 27.12: Ó Deus onipotente, agora que a nova luz do vosso Verbo Encarnado invade o nosso coração, fazei que manifestemos em ações o que brilha pela fé em nossas mentes (Mesma oração da Missa da Aurora de Natal).

Dia 28.12: Ó Deus, que admiravelmente criastes o ser humano e mais admiravelmente restabelecestes a sua dignidade, dai-nos participar da divindade do vosso Filho, que se dignou assumir a nossa humanidade (oração da missa do dia de Natal).

Após a festa dos Santos Inocentes, a Oitava do Natal continua com a seguinte nomenclatura: quinto, sexto e sétimo dia da Oitava do Natal. Veremos a oração do dia e o Evangelho de cada um. Para o quinto dia da Oitava do Natal (29 de dezembro), temos a seguinte oração: "Ó Deus invisível e todo-poderoso, que dissipastes as trevas do mundo com a vinda da vossa luz, volvei para nós o vosso olhar, a fim de que proclamemos dignamente a maravilhosa natividade do vosso Filho Unigênito". O Evangelho apresenta o episódio da apresentação do Menino Jesus no Templo. No sexto dia da Oitava do Natal (30 de dezembro), a oração do dia é a seguinte: "Concedei, ó Deus todo-poderoso, que o novo nascimento de vosso Filho como homem nos liberte da antiga escravidão do pecado". No Evangelho encontramos a perícope do texto da apresentação de Jesus no Templo, agora com a profetisa Ana louvando ao Senhor e falando do menino a todos que esperavam a consolação de Israel. O sétimo dia da Oitava do Natal (31 de dezembro) coincide com a memória facultativa do papa São Silvestre, mas também possui uma liturgia própria de cunho natalino. Vejamos a oração do dia: "Deus eteno e todo-poderoso, que estabelecestes o princípio e a plenitude de toda a religião na Encarnação do vosso Filho, concedei que sejamos contados entre os discípulos daquele que é toda a salvação da humanidade". O Evangelho apresenta, mais uma vez, o prólogo de João, já anunciado na Missa do Dia de Natal, e que agora no último dia do ano civil, vem dar sentido aos tempos, mostrando que o Verbo que sempre existiu é o Senhor dos tempos, pois nele está a plenitude da vida e a verdadeira luz que ilumina nossos dias.

Observamos, então, que nestes últimos dias da Oitava do Natal tanto as orações como os Evangelhos evocam sempre o acontecimento histórico-teológico do nascimento do Filho de Deus. As leituras vêm da Primeira Carta de São João, com perícopes que evocam os temas da luz e do amor de Deus para conosco. Devemos, portanto, ter esse mesmo sentimento em relação a Ele e ao próximo.

Esses dias da Oitava do Natal devem ser celebrados, sempre, em clima de festa. Por isso, *em todas as missas desse período litúrgico se canta o Glória a Deus nas Alturas* e na Liturgia das Horas deve ser entoado o canto do *Te Deum laudamus* ao final do Ofício das Leituras.

Falando em Liturgia das Horas, seria interessante apresentar, rapidamente, como são compostas as horas canônicas desses dias. As antífonas, salmos e cânticos são, sempre, das Laudes e Vésperas do Natal, como também os responsos. As leituras breves apresentam textos tirados da Primeira Carta de João, do profeta Isaías, da Carta aos Gálatas, que evocam o tema da Encarnação e das primeiras manifestações do Messias em nossa história. Mostraremos, agora, a beleza e a força teológicas das antífonas escolhidas para o cântico evangélico das Laudes e Vésperas:

Dia 29.12	*Laudes:*	Os pastores falavam entre si: Vamos todos a Belém, Vamos ver o grande evento que o Senhor nos revelou.
	Vésperas:	O Senhor, Rei dos céus, quis nascer duma Virgem E, de novo, levar para o Reino celeste O homem que estava havia muito tempo perdido.
Dia 30.12	*Laudes:*	Ao nascer o Senhor em Belém, Os coros dos anjos cantavam: Glória a Deus em seu trono e ao Cordeiro.

	Vésperas:	Nós vos louvamos, Santa Mãe do nosso Deus, Pois de vós nasceu o Cristo Salvador. Intercedei por todos nós que vos louvamos.
Dia 31.12	*Laudes:*	O coro dos anjos louvava cantando: Glória a Deus nas alturas dos céus, aleluia. Paz na terra aos homens que Ele ama, aleluia.

As Vésperas desse dia já correspondem às Primeiras Vésperas da solenidade da Santa Mãe de Deus e possuem o seguinte texto retirado da Carta aos Gálatas 4,4-5:

> Pelo amor infinito com que Deus nos amou,
> enviou-nos seu Filho nascido da mulher,
> numa carne semelhante à carne do pecado,
> nascido sob a lei. Aleluia, aleluia.

No oitavo dia após o Natal (1º de janeiro), como já anunciada pela antífona acima, é celebrada, com toda a solenidade, a Virgem Maria invocada como a Santa Mãe de Deus. Essa solenidade é a primeira festa mariana que apareceu na Igreja do Ocidente. Sua celebração se iniciou em Roma mais ou menos no século VI, provavelmente ligada à dedicação em 1º de janeiro do templo de Santa Maria Antiga no Foro Romano. Nas catacumbas de Roma podemos ler a inscrição: "Maria, Mãe de Deus" (*Theotókos*, em grego). Posteriormente, o rito romano passou a celebrar nesta data a Oitava do Natal, comemorando a circuncisão do Menino Jesus. Tendo desaparecido a antiga festa mariana em 1931, o papa Pio XI, na ocasião do XV centenário do Concílio de Éfeso (431), instituiu essa festa mariana para o dia 11 de outubro, pois foi Éfeso que proclamou, solenemente, a Virgem Maria como Mãe de Deus. Na última reforma do calendário, após o Concílio Vaticano II, a referida festa passou a ser celebrada no dia 1º de janeiro em grau de solenidade, mas o Evangelho desse dia continuou fazendo a menção da circuncisão de Jesus, que conforme a lei judaica deveria ser realizada no oitavo dia após o nascimento. O mesmo Evangelho trata da imposição do nome do Filho de Deus conforme anunciado pelo anjo. O Concílio de Éfeso declarou: "A Virgem Maria, sim, é Mãe de Deus, porque seu Filho, Cristo, é Deus".

O Santo Padre Bento XVI, em sua homilia no dia da solenidade da Santa Mãe de Deus (Homilia pronunciada na Basílica de São Pedro, no Vaticano, em 1º de janeiro de 2009), afirmava:

No primeiro dia do ano, a Divina Providência reúne-nos para uma celebração que todas as vezes nos comove pela riqueza e pela beleza das suas correspondências: o fim do ano civil encontra-se com o ápice da Oitava do Natal, na qual se celebra a Divina Maternidade de Maria, e esta coincidência encontra uma síntese feliz no Dia Mundial da Paz [...]. Queridos irmãos e irmãs, penso que a Virgem Maria tenha feito várias vezes esta pergunta: por que Jesus quis nascer de uma jovem simples e humilde como eu? E depois, por que quis vir ao mundo em uma estrebaria e receber como primeira visita a dos pastores de Belém? Maria recebeu plenamente a resposta no final, depois de ter colocado no sepulcro o corpo de Jesus, morto e envolvido em panos (cf. Lc 23,53). Então compreendeu inteiramente o mistério da pobreza de Deus. Compreendeu que Deus se tinha feito pobre por nós, para nos enriquecer com a sua pobreza cheia de amor [...]. A Maria, *Mãe do Filho de Deus*, que se fez nosso irmão, dirigimos confiante a nossa oração, para que nos ajude a seguir as suas pegadas, a combater e vencer a pobreza, a construir a verdadeira paz, que é *opus iustitiae* [...]. Digamos a Maria: acompanha-nos, celeste *Mãe do Redentor*, durante todo o ano que hoje começa, e obtém-nos de Deus o dom da paz para a Terra Santa e para toda a humanidade. *Santa Mãe de Deus*, reza por nós. Amém (grifos nossos).

Tendo compreendido a evolução da solenidade da Santa Mãe de Deus e a sua teologia, passaremos agora à apresentação dos textos para a Celebração Eucarística desse dia. A liturgia apresenta duas antífonas de entrada: (1) "Salve, ó Santa Mãe de Deus, vós destes à luz o Rei que governará o céu e a terra pelos séculos eternos". (2) "Hoje surgiu a luz para o mundo: O Senhor nasceu para nós. Ele será chamado admirável, Deus, Príncipe da Paz, Pai do mundo novo, e o seu reino não terá fim". Como vemos na segunda antífona, o vocábulo *hoje* atualiza para nós o fato histórico celebrado e por ser a própria Oitava do Natal é como se fosse o dia de Natal já que a finalidade das oitavas festivas é prolongar a solenidade por oito dias como se fosse um único dia de festa.

A oração do dia evoca a virgindade fecunda de Maria que deu à humanidade a salvação eterna e pede para que tenhamos sempre a sua intercessão, pois nos trouxe o autor da vida. A oração sobre as oferendas, também, faz alusão ao mistério da Mãe de Deus, como também a que vem depois da comunhão com o acréscimo do título de Mãe da Igreja.

A primeira leitura é bem apropriada para o início do ano civil e para o Dia Mundial da Paz. É retirada do Livro dos Números (6,22-27) e trata da bênção de Aarão: "O Senhor te abençoe e te guarde! O Senhor faça brilhar sobre ti a sua face e se compadeça de ti! O Senhor volte para ti o seu rosto e te dê a paz!". O Salmo 66 responde, de maneira plena, à leitura proclamada pedindo que Deus nos dê a sua graça e a sua bênção.

A segunda leitura vem da Carta de São Paulo aos Gálatas 4,4-7 e é o mesmo texto lido nas Primeiras Vésperas do Natal sobre o nascimento do Filho de Deus da mulher e sob a lei para nos resgatar e nos oferecer, novamente, a dignidade de filhos adotivos. A antífona de aclamação ao Evangelho merece ser recordada: "De muitos modos, Deus outrora nos falou pelos profetas; nestes tempos derradeiros, falou-nos pelo seu Filho". Vemos aqui o pleno cumprimento das promessas messiânicas ditas no Antigo Testamento. O Evangelho, como já foi dito, é o mesmo da Missa da Aurora do Natal, a visita dos pastores ao Menino Jesus e a glorificação de Deus realizada por eles, mas acrescido do versículo 21 do capítulo 2 de São Lucas, fazendo uma alusão direta ao oitavo dia do nascimento, como também a imposição do nome de Jesus: "Quando se completaram os oito dias para a circuncisão do Menino, deram-lhe o nome de Jesus, como fora chamado pelo anjo antes de ser concebido". A antífona de comunhão liga-se ao início do ano civil, que é um novo tempo que Deus nos oferece. Ela diz: "Jesus Cristo ontem e hoje, e por toda a eternidade".

b) O Tempo do Natal antes da Epifania

Esse tempo poderá ser longo, breve, ou mesmo, nem existir. Tudo dependerá do dia da semana em que cair a celebração do Natal. Por exemplo, se este cair em um sábado, sua oitava (1º de janeiro), será nesse mesmo dia da semana, com a solenidade da Santa Mãe de Deus e, portanto, no domingo (2 de janeiro), já será celebrada a Epifania do Senhor, como diremos, posteriormente, ao tratar dessa festividade. Se o Natal for em uma quarta-feira, a oitava será nesse mesmo dia, havendo assim um Tempo do Natal antes da Epifania até chegar o domingo seguinte, quando se celebra a manifestação de Deus em nossa carne (Epifania).

A Liturgia das Horas apresenta esse tempo com celebrações para os dias iniciais do mês de janeiro, por exemplo: 2, 3, 4, 5, 6, 7 de janeiro... É claro que esses dias são celebrados conforme já explicitado anteriormente. Os salmos seriam da semana do saltério, no caso, segunda semana e, a partir da leitura breve (responsos, antífonas para o cântico evangélico, preces e orações do dia) os textos são próprios. Todos ressaltando o tema da Encarnação do Filho de Deus no seio da Virgem Maria e o cumprimento das profecias messiânicas.

Para as missas, o Missal Romano apresenta os dias da semana (de segunda a sábado) com orações do dia para antes e depois da Epifania. As orações sobre as oferendas e depois da comunhão são as mesmas antes ou depois da solenidade da Epifania. O Lecionário dispõe os dias do mês de janeiro como na Liturgia das Horas. Vale a pena meditar as orações do dia propostas para esse tempo:

Segunda-feira:	Concedei, ó Deus, ao vosso povo uma fé inabalável para que, ao proclamarmos que o vosso Filho Unigênito, Deus eterno e glorioso como vós, se fez homem no seio da Virgem Mãe, sejamos livres dos males que nos cercam e introduzidos nas eternas alegrias.
Terça-feira:	Ó Deus, quisestes que a humanidade do vosso Filho, nascendo da Virgem Maria, não fosse submetida à humilhação do homem decaído. Concedei que, participando desta nova criação, sejamos libertados da antiga culpa.
Quarta-feira:	Deus eterno e todo-poderoso, nós vos pedimos que o Salvador, qual nova luz dos céus para a redenção do mundo, se levante cada dia para renovar os nossos corações.
Quinta-feira:	Ó Deus, pelo nascimento do vosso Filho, iniciastes maravilhosamente a redenção do vosso povo. Concedei a vossos servos e servas uma fé tão firme, que nos deixemos conduzir por ele e cheguemos à glória prometida.

Sexta-feira:	Ó Deus, sede a luz dos vossos fiéis e abrasai seus corações com o esplendor da vossa glória, para reconhecerem sempre o Salvador e a ele aderirem totalmente.
Sábado:	Deus eterno e todo-poderoso, pela vinda do vosso Filho, vos manifestastes em nova luz. Assim como ele quis participar da nossa humanidade, nascendo da Virgem, dai-nos participar de sua vida no Reino.

As antífonas de entrada e de comunhão da missa têm a mesma teologia das orações mencionadas acima e as leituras são sempre da Primeira Carta de São João, com os temas da experiência de Deus que deverá ser transmitida, da luz, do amor a Deus e ao próximo, da fé em Jesus Cristo.

Os Evangelhos trazem as narrativas do testemunho de João sobre Jesus, mostrando que depois dele viria um maior, o verdadeiro Cordeiro de Deus; o chamado dos primeiros discípulos, a genealogia de Jesus (como texto facultativo para 6 de janeiro, se for o caso); as Bodas de Caná.

Não poderíamos concluir esta seção sem antes apresentar o teológico sermão de Santo Agostinho que trata da Encarnação do Senhor e vem proposto na Liturgia das Horas: Ofício das Leituras (pp. 123-125) para o dia 5 de fevereiro:

> Que homem poderia conhecer todos os tesouros de sabedoria e ciência ocultos em Cristo e escondidos na pobreza de sua carne? Porque ele, "sendo rico, se fez pobre por nossa causa, a fim de nos enriquecer com a sua pobreza". Ao assumir nossa natureza mortal e destruir a morte, manifestou-se na pobreza; contudo, não perdeu suas riquezas, mas prometeu-as para o futuro.
> Quão grande é a sua bondade, reservada para os que o temem e concedida aos que nele esperam!
> Nosso conhecimento é imperfeito, até vir o que é perfeito. Para sermos capazes de alcançá-lo é que o Cristo, igual ao Pai na condição divina, se fez igual a nós na condição de servo e nos recriou à semelhança divina. O Filho único de Deus, tornando-se filho do homem, torna filhos de Deus a muitos filhos dos homens; e, tendo reanimado seus servos pela sua condição visível de servo, torna-os livres para contemplarem a sua condição divina.
> "Somos filhos de Deus, mas ainda não se manifestou o que havemos de ser. Sabemos que, quando ele se manifestar, ser-lhe-emos semelhantes,

porque o veremos como é". Ora, quais são esses tesouros de sabedoria e ciência, essas riquezas divinas, senão aquelas que nos bastam? E essa grande bondade, senão a que nos sacia? "Mostra nosso Pai e isso nos basta." E, em certo salmo, um de nós, expressando os nossos sentimentos ou falando por nós, lhe diz: "Serei saciado quando se manifestar a vossa glória". Ele e o Pai são um; e quem o vê, vê também o Pai. Por conseguinte, "o Senhor do universo é o Rei da glória". Voltando-se para nós, mostrar-nos-á a sua face. Seremos salvos e saciados e isso nos bastará.

Mas até que isso aconteça, até que nos mostre o que nos bastará, até bebermos e ficarmos saciados na fonte de vida que é ele, enquanto caminhamos na fé e peregrinamos longe dele, enquanto temos fome e sede de justiça e desejamos ardentemente contemplar a beleza de sua condição divina, festejamos com amorosa reverência o nascimento de Deus na condição de servo.

Ainda não podemos contemplar aquele que foi gerado pelo Pai antes da aurora; celebremos o que nasceu da Virgem no meio da noite. Ainda não podemos compreender que "o seu nome subsistirá enquanto o sol brilhar", reconheçamos que "armou sua tenda ao sol".

Ainda não vemos o Unigênito que permanece no Pai; recordemos o Esposo que "sai de sua câmara nupcial". Ainda não somos dignos do festim de nosso Pai; conheçamos o presépio de Nosso Senhor Jesus Cristo.

Santo Agostinho, nesse sermão, deseja levar o nosso olhar para a humildade do Salvador do mundo; somente tornando-nos servos poderemos chegar à plenitude da filiação divina. Ele, o próprio Deus, nos deu o exemplo ao se encarnar no seio da Virgem Maria. Como ele mesmo nos ensina: "Se alguém quiser ser o primeiro, que seja o último de todos e aquele que serve a todos" (Mc 9,35b).

Passemos, agora, para a celebração da Epifania do Senhor, grande complemento da solenidade do Natal. Poderemos até dizer que a Epifania está para o Natal assim como a celebração de Pentecostes está para a Páscoa.

c) A Epifania do Senhor

Na solenidade da Epifania do Senhor, a Igreja deseja ressaltar três episódios das primeiras manifestações de Deus na pessoa de seu Filho,

Jesus Cristo. São eles: a cena da visita dos Magos orientais ao presépio, reconhecendo o filho de Maria como Deus ao oferecer-lhe incenso (esse fato deseja mostrar que a Salvação que Jesus veio trazer é universal e, também, dirige-se aos pagãos); o episódio do Batismo de Jesus, em que é o próprio Pai quem manifesta a divindade do Filho: "Este é o meu Filho amado, ouvi-o" (Mt 3,17b) e a presença do Senhor nas Bodas de Caná da Galileia, quando realiza seu primeiro milagre a pedido de sua mãe. No Brasil, celebra-se no domingo que ocorre entre os dias 2 e 8 de janeiro, sendo que, se ocorrer em 7 ou 8, a festa do Batismo do Senhor é, logo, na segunda-feira seguinte e na terça-feira já estamos na primeira semana do Tempo Comum.

A antífona de entrada da missa canta: "Eis que veio o Senhor dos senhores; em suas mãos, o poder e a realeza", enquanto a de comunhão diz: "Vimos sua estrela no Oriente, e viemos com presentes adorar o Senhor". Um dos presentes, oferecidos pelos Magos, e já mencionado, foi o incenso, porque Jesus é Deus; os outros são o ouro, porque é Rei, e a mirra, porque é ser humano. O gesto prenuncia sua sepultura, uma vez que os judeus costumavam sepultar seus mortos ungindo o corpo com perfumes. Essa é a interpretação dada pelos Padres da Igreja sobre os presentes que o Menino Jesus recebeu e já há muito aceita e comentada pela Igreja.

A oração do dia faz uma menção direta ao fato da visita dos magos e ressaltamos a presença do vocábulo *estrela*, que vai aparecer, posteriormente, quatro vezes no Evangelho. Vejamos: "Ó Deus, que *hoje* revelastes o vosso Filho às nações, guiando-as pela *estrela*, concedei aos vossos servos e servas que já vos conhecem pela fé, contemplar-vos um dia face a face no céu". A estrela representa a luz que é o próprio Cristo e nesta época da história guiava os sábios como orientação no caminhar e anunciava a presença de grandes acontecimentos. A oração sobre as oferendas faz alusão aos presentes doados pelos Magos, dizendo que hoje a Igreja não mais oferece a Deus ouro, incenso e mirra, mas o próprio Jesus Cristo imolado e recebido em comunhão nos dons que o simbolizam. A que vem depois da comunhão pede ao Senhor que nos guie com a luz celeste para que possamos acolher e vivenciar o mistério do qual estamos participando.

A primeira leitura, do profeta Isaías 60,1-6, deseja enfatizar a universalidade da salvação representada pela cidade de Jerusalém, pois seus filhos vêm de longe com o coração vibrando e com eles virão as riquezas de além-mar, será uma inundação de camelos, de dromedários de Madiã e Efa a cobrir a cidade santa; virão todos os de Sabá, trazendo ouro e incenso e proclamando a glória do Senhor. Também uma alusão direta ao Evangelho. O salmo de resposta é o 71, que trata, justamente, dessa inundação de presentes e de povos para adorar o Rei que terá o seu Mistério Pascal em Jerusalém. A antífona do salmo diz: "As nações de toda a terra hão de adorar-vos, ó Senhor!". Na segunda leitura, São Paulo, escrevendo aos efésios, aponta para o mistério que foi revelado, pelo o Espírito Santo, aos apóstolos e profetas, ou seja, que a salvação é também dirigida aos pagãos, pois eles são admitidos à mesma herança, associados à mesma promessa em Jesus Cristo, por meio do Evangelho. O texto de Mateus 2,1-12 narra a procura, por parte dos Magos, do Messias recém-nascido e manifestado pela luz da *estrela* que eles seguiam e que sumiu em Jerusalém, pela presença do malvado Herodes, mas que surge novamente ao deixarem a cidade, colocando-se finalmente onde estavam o Menino e sua mãe. E, de joelhos, reconheceram em Jesus o próprio Deus e ofereceram os seus presentes. Grande foi a alegria deles ao avistarem a *estrela*, figura do Cristo, a verdadeira luz que não se apaga.

A Liturgia das Horas apresenta o seguinte hino para as Segundas Vésperas:

Por que, Herodes, temes
Chegar o Rei que é Deus?
Não rouba aos reis da terra
Quem reinos dá nos céus.

Os Magos ei-los vindo,
Buscar na Luz a luz;
As estrelas vão seguindo
Que ao Rei dos reis conduz.

Nas águas é lavado
O celestial Cordeiro;
O que não tem pecado
Nos lava em si primeiro.

As águas, ó prodígio,
Já ficam cor d'aurora,
Não deixam mais vestígio
Pois jorram vinho agora.

Louvor ao que aparece
Aos povos em Belém,
Unido ao Pai e ao Espírito
Eternamente. Amém.

Como vemos, o hino evoca os três mistérios de Cristo celebrados no dia litúrgico de sua Epifania: a visita dos Magos, o Batismo no Jordão e as Bodas de Caná. As antífonas dos salmos, como também os responsos, seguem essa mesma teologia. Veremos, para ilustrar, as dos cânticos evangélicos. Para as Primeiras Vésperas: "Vendo a estrela, os Magos exclamaram: eis aqui o sinal do grande Rei! Vamos, pois, procurá--lo e oferecer-lhe ouro, incenso e mirra, nossos dons". Para as Laudes temos: "*Hoje* a Igreja se uniu a seu celeste Esposo, porque Cristo lavou no Jordão o pecado; para as núpcias reais correm Magos com presentes; e os convivas se alegram com a água feita vinho. Aleluia". Nas Segundas Vésperas cantamos: "Recordamos neste dia três mistérios: *hoje* a estrela guia os Magos ao presépio. *Hoje* a água se faz vinho para as bodas. *Hoje* Cristo no Jordão é batizado para salvar-nos. Aleluia, aleluia". Também nas antífonas observamos a presença dos três mistérios celebrados nesse dia.

É oportuna, aqui, uma meditação sobre um dos episódios da Epifania, o Batismo do Senhor, que posteriormente apresentaremos no que diz respeito aos aspectos litúrgicos da festa. Durante o Batismo, no rio Jordão, ouve-se a voz do Pai mandando ouvir seu Filho amado. No outro mistério celebrado nesse dia, as Bodas de Caná, é a Mãe, a Virgem Maria, que nos orienta para isso: "Fazei o que ele vos disser" (Jo 2). Tudo aponta para Jesus Cristo. Ele, o revelador do Pai, é a nossa norma de vida, pois veio nos ensinar a vontade de Deus e o que devemos fazer para possuir a vida eterna. Ao iniciar sua vida pública, orienta-nos para a conversão e a crença em seu Evangelho.

Vemos, assim, que a solenidade da Epifania do Senhor nos revela a universalidade da salvação e que o Filho de Deus e do homem é o *caminho* a ser seguido, a *verdade* que nos orienta e nos dá a *vida* eterna.

Concluímos rezando a Jesus:

Senhor Jesus Cristo, que nasceste na plenitude dos tempos e te manifestaste, em primeiro lugar, aos pequeninos, aos pastores de Israel que vigiavam durante a noite e, em seguida, te revelaste aos Magos orientais guiando-os pela estrela, representação da verdadeira luz que trouxeste para iluminar as trevas do nosso mundo. Foste, também, revelado pelo teu Pai e através de teu primeiro sinal em Caná. Vem em socorro de nossa fraqueza, a fim de que possamos ser fiéis aos nossos compromissos batismais de amar a ti e ao próximo, abrindo sempre espaço para que a tua luz possa iluminar o nosso caminhar.

Seguindo essa mesma teologia, passaremos à apresentação litúrgica do Tempo do Natal depois da Epifania, que nos faz aprofundar nossa fé na Encarnação de Jesus Cristo e prepara os nossos corações para a celebração da festa do Batismo do Senhor já celebrada no mistério de sua manifestação às nações.

d) O Tempo do Natal depois da Epifania

Como já mencionamos ao estudar o Tempo do Natal antes da Epifania, este também poderá ser longo, breve ou nem existir. Se a Epifania do Senhor for no dia 7 ou 8 de janeiro, como já dissemos, a festa do Batismo do Senhor será logo na segunda-feira imediata, não havendo esse intervalo de tempo no ano que assim acontecer. Se a Epifania for antes desses dias, haverá uma semana ou mais dias desse tempo, até chegar o Batismo de Jesus no domingo seguinte.

A Liturgia das Horas apresenta as celebrações desse tempo com os dias do mês de janeiro, a partir de 7 até 12 de janeiro e ainda traz a denominação com os dias da semana, de segunda-feira até sábado, depois do Domingo da Epifania. Esses dias serão celebrados conforme o dia da semana em que cai o Natal, como já explicitado antes.

Aqui continua a temática da Encarnação, mas enfatizam-se os três acontecimentos da Epifania, sobretudo nas antífonas e responsos: a visita dos Magos ao presépio, o Batismo de Jesus no rio Jordão e as Bodas de Caná, mas com muita ênfase no episódio dos Magos com os temas dos presentes, da preocupação de Herodes, da estrela. Vejamos, por exemplo, a antífona do cântico evangélico das Laudes proposta para o dia 7 janeiro ou segunda-feira depois do Domingo da Epifania: "Os Magos do Oriente vieram a Belém adorar Nosso Senhor; e, abrindo seus tesouros, ofereceram seus presentes preciosos a Jesus: o ouro ao grande Rei, o incenso ao sumo Deus e a mirra ao ser humano para a sua sepultura". Vejamos, ainda, a antífona do cântico evangélico para as Vésperas do dia 11 de janeiro ou sexta-feira depois do Domingo da Epifania: "Os Magos, avisados em sonho pelo anjo, voltaram ao seu país por um caminho diferente".

Para as missas, nesse período, o Missal Romano apresenta orações próprias, como já mencionamos. Vejamo-las uma a uma:

Segunda-feira:	Nós vos pedimos, ó Deus, que o esplendor da vossa glória ilumine os nossos corações para que, passando pelas trevas deste mundo, cheguemos à pátria da luz que não se extingue.
Terça-feira:	Ó Deus, cujo Filho Unigênito se manifestou na realidade da nossa carne, concedei que, reconhecendo sua humanidade semelhante à nossa, sejamos interiormente transformados por ele.
Quarta-feira:	Ó Deus, luz de todas as nações, concedei aos povos da terra viver em perene paz, e fazei resplandecer em nossos corações aquela luz admirável que vimos despontar no povo da antiga aliança.
Quinta-feira:	Ó Deus, pelo nascimento do vosso Filho, a aurora do vosso dia eterno despontou sobre todas as nações. Concedei ao vosso povo conhecer a fulgurante glória do seu Redentor e por ele chegar à luz que não se extingue.
Sexta-feira:	Ó Deus todo-poderoso, que o Natal do Salvador do mundo, manifestado pela luz da estrela, sempre refulja e cresça em nossas vidas.
Sábado:	Deus eterno e todo-poderoso, pelo vosso Filho nos fizestes nova criatura para vós. Dai-nos, pela vossa graça, participar da divindade daquele que uniu a vós a nossa humanidade.

As leituras continuam sendo da Primeira Carta de João, com os temas do anticristo, do amor ao próximo, da fé em Deus e no seu Filho.

Os Evangelhos são assim apresentados obedecendo a mesma lógica dos dias da semana ou dos dias de janeiro a partir do dia 7: Jesus indo morar em Cafarnaum, a multiplicação dos pães, Jesus andando sobre as águas, ensinando na Sinagoga de Nazaré e mostrando que nele se cumpriram as profecias, Jesus curando um leproso e João Batista falando dele que estava para ser batizado no Jordão.

Como vemos, os textos desse tempo mostram momentos em que Jesus se manifesta como Deus, e o início de sua missão salvadora.

e) O Batismo do Senhor

A festa do Batismo do Senhor é celebrada no domingo que ocorre entre os dias 9 e 13 de janeiro. Esse domingo corresponderá, sempre, ao 1º Domingo do Tempo Comum. Mas, como já foi dito, se a Epifania for nos dias 7 ou 8 de janeiro, o Batismo de Jesus é comemorado logo, na segunda-feira seguinte e, a partir da terça-feira já estamos na primeira semana do Tempo Comum. Esse mistério da vida de Jesus, que marca o início de sua atividade missionária, além de já ter sido evocado na solenidade da Epifania, a Igreja quis ainda celebrá-lo em um dia separado para, de certo modo, fazer com que os cristãos se lembrem de seu próprio Batismo e animem-se na busca da santidade e do seguimento de Cristo.

Nesse dia contemplamos a plena revelação da Santíssima Trindade: enquanto o Filho recebia o Batismo no rio Jordão, ouviu-se a voz do Pai dizendo: "Este é o meu Filho amado, no qual eu pus o meu afeto" (Mt 3,17b), e o Espírito Santo manifestou-se em forma corporal de uma pomba. Como não lembrar do fim do Dilúvio narrado no Livro do Gênesis: a pomba, trazendo no bico um galho de oliveira, anuncia que a humanidade está renovada pela água e que Noé, agora, já pode deixar a arca. Esse galho de oliveira representa a matéria-prima com que é feito o óleo para os sacramentos, inclusive o da Crisma, no qual se dá a unção no próprio Espírito de Deus. O Espírito que desce sobre Jesus na forma de pomba o investe da missão de profeta, sacerdote e rei. Diz-nos o Missal Dominical (p. 125) ao comentar a presente festividade:

A redação dos evangelistas procura apresentar o Batismo de Jesus como Batismo do "novo povo de Deus", o Batismo da Igreja. No Livro do Êxodo, Israel é o filho primogênito, que é libertado do Egito para servir a Deus e oferecer-lhe o sacrifício (cf. Ex 4,22); é o povo que passa entre os diques de água do mar Vermelho, e no caminho enxuto através do rio Jordão. Cristo é o "filho bem-amado" que oferece o único sacrifício agradável ao Pai; Cristo, que "sai da água", é o novo povo libertado, e a libertação é definitiva; o Espírito não só desce sobre Cristo, mas permanece sobre ele. O Espírito, que depois do pecado não tinha mais morada permanente entre os homens (cf. Gn 6,3), agora permanece para sempre em Cristo e na Igreja, que é seu complemento.

Como vemos, no dia do Batismo do Senhor nós, a Igreja, recebemos a possibilidade de novamente viver do Espírito de Deus. Esperam-se daquele que já foi regenerado pelo sacramento do Batismo atitudes condizentes com o Evangelho, ou seja, a capacidade de perdoar, de amar os inimigos, de viver na alegria, pensando no outro. Vivendo neste mundo, mas com o nosso testemunho de cristãos, já anunciando com a própria vida o Reino de Deus que está para se tornar pleno na volta inesperada do Filho de Deus.

A antífona de entrada para a Celebração Eucarística foi tirada do próprio Evangelho, que no Ano A (Mt 3,16-17) canta: "Batizado o Senhor, os céus se abriram, e o Espírito Santo pairou sobre ele sob forma de pomba. E a voz do Pai se fez ouvir: 'Este é o meu Filho muito amado, nele está todo o meu amor!'". A antífona de comunhão confirma aquilo que João Batista anunciava sobre Jesus, ou seja, que viria o Filho de Deus, depois dele, e esse era o testemunho que dava às margens do Jordão.

A liturgia propõe duas orações próprias para a festa, à escolha. A primeira evoca o mistério da Santíssima Trindade e pede que conceda a nós, os filhos adotivos do Pai, já renascidos pelo Batismo, a perseverança no amor. Vejamos: "Deus eterno e todo-poderoso, que, sendo o Cristo batizado no Jordão, e pairando sobre ele o Espírito Santo, o declarastes solenemente vosso Filho, concedei aos vossos filhos adotivos, renascidos da água e do Espírito Santo, perseverar constantemente em vosso amor". A segunda oração proposta trata da manifestação do Filho na nossa carne e suplica que sejamos interiormente transformados por ele.

Quanto às lições da Sagrada Escritura, encontramos propostas para os três ciclos: Anos A, B e C. No Ano A temos para primeira leitura o trecho do capítulo 42 de Isaías, que chama atenção para a pessoa do Servo de Javé, o próprio Cristo. Ele é o eleito e promoverá o julgamento das nações; nunca esmorecerá nem deixará se abater, pois deseja estabelecer a justiça na terra. O Senhor o constituiu centro da aliança do povo, luz das nações, para abrir os olhos dos cegos, tirar cativos da prisão, livrar do cárcere aqueles que vivem nas trevas. Essa profecia se cumpriu plenamente em Jesus. Quando Ele leu esse texto na Sinagoga de Nazaré, o aplicou a si próprio e realizou essa missão até o momento de sua hora, na cruz. O salmo responsorial é o 28, pois o versículo 3 apresenta a voz de Deus sobre as águas imensas, como aconteceu no momento do Batismo de Jesus. A segunda leitura, retirada dos Atos dos Apóstolos, capítulo 10, é o início do discurso de Pedro na casa do centurião Cornélio. Pedro começa com uma constatação: Deus não faz distinção de pessoas, mas aceita aquele que pratica a justiça, independente da nação a que pertença. Ele ensina que Deus enviou sua Boa-Nova através de Jesus Cristo e faz uma pequena história entre os versículos 37-38: "Vós sabeis o que aconteceu em toda a Judeia, a começar pela Galileia, depois do Batismo pregado por João: como Jesus de Nazaré foi ungido por Deus com o Espírito Santo e com poder. Ele andou por toda parte, fazendo o bem e curando a todos os que estavam dominados pelo demônio; porque Deus estava com ele".

O Ano B traz como primeira leitura o capítulo 55 do profeta Isaías. O trecho apresenta uma situação paradisíaca quando convida todos, sem exceções, a comerem e beberem juntos, sem gastos. No entanto, convoca--nos para uma postura diante de Deus: "Buscai o Senhor enquanto pode ser encontrado, invocai-o; que o ímpio e o injusto abandonem os seus caminhos e as maquinações. Que os nossos caminhos e pensamentos estejam voltados para Deus". O salmo de resposta tem a seguinte antífona: "Com alegria bebereis do manancial da salvação". Essa água que nos saciou foi aquela jogada sobre nós no dia de nosso Batismo e que, a partir desse momento, nos levará a buscar os caminhos do Senhor. A segunda leitura vem da Primeira Carta de São João e apresenta a temática da fé em Jesus Cristo, do amor a Deus e ao próximo, da observância dos mandamentos. Três elementos dão testemunho do projeto salvífico do Pai: o Espírito, a água e o sangue. Na cruz, quando o soldado romano fere Jesus com a lança, imediatamente jorram sangue e água. Os Padres da Igreja interpretaram esse acontecimento assim: a água simboliza o Batismo e o sangue representa a Eucaristia, os dois sacramentos que fazem a Igreja.

No Ano C, a primeira leitura sugerida é, também, tirada do profeta Isaías, sendo que, agora, do capítulo 40. O texto deseja mostrar que a glória do Senhor se manifestará e todos os homens a verão, pois Deus vem a nós na pessoa do Filho que se apresenta com poder e vitorioso. Ele é o Bom Pastor que apascenta o rebanho e traz os cordeiros no colo. O Salmo 103 evoca a grandiosidade de Deus que domina as coisas criadas. Construiu seu palácio sobre as águas; criou o mar espaçoso e imenso com os seres que nele habitam; esperamos das mãos pródigas do Senhor o alimento e, quando Ele envia o seu Espírito, todos renascemos. A segunda leitura é de São Paulo a Tito e afirma que somos salvos mediante o Batismo de regeneração e renovação do Espírito Santo. Justificados, portanto, pela graça de Deus, tornamo-nos na esperança herdeiros da vida eterna. Vemos, claramente, a vontade da Igreja com a festa do Batismo do Senhor: despertar dentro de nós o desejo do céu.

Os Evangelhos para os três ciclos de leitura trazem o acontecimento do Batismo do Senhor narrado por Mateus, Marcos e Lucas, todos com a presença da Santíssima Trindade, a figura de João Batista, o rio Jordão e a solene declaração do Pai sobre a divindade de Jesus Cristo.

A oração sobre as oferendas apresenta ao Pai, no dia em que Ele revelou o próprio Filho, os dons do pão e do vinho para que se tornem o corpo do Cordeiro que lavou os pecados do mundo. A que segue à comunhão pede a graça de ouvirmos o Filho amado para que possamos ser de fato chamados de filhos de Deus.

A Liturgia das Horas apresenta de maneira sugestiva e poética a festa do Batismo do Senhor. Como é uma festa, só teremos as Primeiras Vésperas se essa celebração acontecer em um domingo. Como já dissemos antes, se ela for celebrada na segunda-feira, não haverá as Primeiras Vésperas, pois serão, sempre, as Segundas Vésperas da Epifania do Senhor. Todas as antífonas, hinos e leituras breves trazem o tema do dia mostrando a figura do Batista que batiza o Salvador. Vejamos o hino proposto para as Laudes (oração da manhã):

O Redentor das nações,
Jesus, a todos brilhou.
E todo o povo fiel
Canta-lhe um hino em louvor.

Vivera já trinta anos
Em nossa carne mortal.
E, embora livre da culpa,
Da água busca o sinal.

João, feliz, mas tremendo,
Mergulha em rio profundo
Aquele que lavaria
No sangue a culpa do mundo.

A voz do Pai testemunha
Que este é seu Filho, e reflui
Sobre ele a força do Espírito
Que todo dom distribui.

Protegei a todos, ó Cristo:
Jamais tombemos no abismo.
Dai-nos viver as promessas
Do nosso próprio Batismo.

Ó Cristo, vida e verdade,
A vós a glória e o louvor.
Unido ao Pai e ao Espírito,
Do céu mostrais o esplendor.

Como vemos, no hino acima todo o mistério celebrado é invocado: a idade de Jesus ao ser batizado, o sinal da água, a figura de João, a culpa lavada pelo sangue de Cristo, a voz do Pai, a presença do Espírito, a nossa fidelidade às promessas de nosso Batismo, além de convocar o povo fiel a entoar um hino de louvor, tema próprio do Ofício matutino.

As antífonas para os cânticos evangélicos trazem os seguintes textos:

Primeiras Vésperas:	O Salvador foi batizado e renovou o velho homem; Pela água restaurou a natureza corrompida. Revestiu-nos de uma veste incorruptível e imortal.
Laudes:	Jesus Cristo é batizado e o mundo é renovado. Ele nos deu o perdão dos pecados e das faltas. Sejamos homens novos pela água e pelo Espírito!
Segundas Vésperas:	Jesus Cristo nos amou até o fim, E com seu sangue Ele lavou nossos pecados, E fez de nós povo de reis e sacerdotes Para a glória de Deus Pai onipotente. A Ele glória e poder eternamente!

Como se vê nessas antífonas, a Igreja quer mostrar a nossa inserção no Batismo de Cristo. Ao ser batizado, Ele nos renova, tornando-nos imortais. Temos, assim, o perdão dos pecados para sermos homens e mulheres novos. E no seu sangue passamos a ser um povo de sacerdotes e de reis.

A Liturgia das Horas (Ofício das Leituras, pp. 154-155) oferece à nossa meditação o seguinte sermão de São Gregório Nazianzeno, que resume a teologia da festa do Batismo do Senhor:

> Cristo é iluminado no Batismo, recebamos com ele a luz; Cristo é batizado, desçamos com ele às águas para com ele subirmos. João batiza e Jesus se aproxima. Talvez para santificar igualmente aquele que o batiza, e, sem dúvida, para sepultar nas águas o velho Adão. Diante de nós e para nós santificou as águas do Jordão, pois, sendo ele espírito e carne, também pelo Espírito e a água nos iniciaria nos sacramentos. João reluta, Jesus insiste. "Eu é que devo ser batizado por ti", diz a lâmpada ao Sol, a voz à Palavra, o amigo ao Esposo, diz o maior entre todos os nascidos de mulher ao Primogênito de toda criatura, aquele que estremecera de alegria no seio materno ao que fora adorado no seio de sua Mãe, o que precedeu e ia preceder, ao que se manifestara e iria se manifestar. "Eu é que devo ser batizado por ti." Acrescentemos: e por causa de ti. Pois ele sabia que ia receber o Batismo de sangue ou que, como Pedro, não seria purificado apenas nos pés. Jesus sai das águas elevando consigo o mundo que estava submerso, e vê rasgarem-se e abrirem-se os céus que Adão fechara para si e sua posteridade, assim como o paraíso lhe fora fechado por uma espada de fogo. O Espírito, acorrendo àquele que lhe é

igual, atesta a sua divindade; vem do céu uma voz, pois também vinha do céu aquele de quem se dava testemunho. E, ao mostrar-se o Espírito sob a forma corporal de uma pomba, glorifica o corpo, já que este, por sua união à divindade, é o corpo de Deus. De modo semelhante, muitos séculos antes, uma pomba anunciara o fim do dilúvio. Veneremos *hoje* (grifo nosso) o Batismo de Cristo e celebremos dignamente esta festa.

Permanecei inteiramente puros; purificai-vos, porque nada agrada tanto a Deus quanto o arrependimento e a salvação do homem, para quem são todas as suas palavras e mistérios. Pois deveis ser, como luzes no mundo, uma força vital para os outros homens; permanecendo como luzes perfeitas diante da grande Luz, sereis inundados pelo esplendor dessa luz que está no céu e iluminados com maior pureza e fulgor pela Trindade. Dela acabaste de receber, embora não seja em plenitude, o único raio que procede da única Divindade, em Jesus Cristo, nosso Senhor, a quem pertencem a glória e o poder pelos séculos dos séculos. Amém.

Esse sermão de São Gregório de Nazianzeno nos coloca dentro do mistério de Cristo, que se batizou para santificar as águas do nosso Batismo. Sendo puros, ou seja, tentando conservar as nossas vestes batismais, agradamos ao Senhor, que se fez homem para nós. Por isso, no dia de nosso Batismo, recebemos a vela acessa, símbolo da fé e da verdadeira Luz, que é Jesus Cristo. Devemos, pois, ser luz para os outros e nunca trevas. Se somos filhos da Luz, nossa missão é iluminar, com gestos e palavras, todos aqueles e aquelas que nos cercam. E, nessa alegria de seres humanos restaurados pelo precioso sangue de Cristo, cantamos o responso breve indicado pela Liturgia das Horas para a lição acima: "*Hoje* (grifo nosso) os céus se abriram e o mar se fez suave, a terra exulta e alegram-se os montes e as colinas, porque João batizou o Cristo no Jordão. Ó mar, por que fugiste? E tu, Jordão, por que voltaste atrás?". Ambos, mar e rio Jordão, são sinais da libertação de Deus para a humanidade.

Passaremos, agora, à meditação da festa da Apresentação do Senhor, que, mesmo fora do Tempo do Natal, tem a mesma teologia.

f) A Apresentação do Senhor

A presente celebração ocorre fora do ciclo do Natal porque deseja preservar o dado escriturístico da lei mosaica que manda os primogênitos do sexo masculino serem apresentados ao Senhor no Templo e resgatados através de um sacrifício quarenta dias depois de seu nascimento.

A liturgia desse dia começa com um lucernário ou celebração da luz. Quando o velho Simeão tomou o Menino Jesus em seus braços, bendisse a Deus dizendo: "Agora, Senhor, conforme a tua promessa, podes deixar teu servo partir em paz; porque meus olhos viram a tua salvação, que preparaste diante de todos os povos: *luz* para iluminar as nações e glória do teu povo Israel" (Evangelho do dia da festa: Lc 2,29-32).

Como no Oriente, na Igreja de Jerusalém, celebrava-se o mistério do Natal inserido na solenidade da Epifania no dia 6 de janeiro, essa festa acontecia no dia 15 de fevereiro. Quando se passou, em Roma, a celebrar o Natal em 25 de dezembro, a Apresentação passou para o dia 2 de fevereiro, de modo a manter os quarenta dias da tradição bíblica.

Conforme o Missal Dominical, em Roma, a Apresentação foi unida a uma cerimônia penitencial, que se celebrava em contraposição aos ritos pagãos das "lustrações". Pouco a pouco, a procissão de penitência passou a pertencer à festa, tornando-se uma espécie de imitação da Apresentação de Cristo no Templo. O papa São Sérgio I (séc. VIII), de origem oriental, mandou traduzir para a língua latina os cânticos da festa grega, que foram adotados para a procissão romana. No século X, a Gália organizou uma solene bênção das velas que se usavam nessa procissão; um século mais tarde, acrescentou-se a antífona *Lumen ad revelationem* com o cântico de Simeão (*Nunc dimittis*) já mencionado antes.

Conforme o Missal Romano, a assembleia deverá se reunir fora da Igreja ou outro lugar adequado, de onde parte a procissão. Enquanto acendem-se a velas, canta-se: "Eis que virá o Senhor onipotente iluminar os nossos olhos, aleluia". Em seguida, o celebrante saúda o povo com a exortação própria que se encontra no Missal, cujo texto mostra o anúncio dos quarenta dias após o Natal, a cena da apresentação do Senhor no Templo, por Maria e José. Evoca, ainda, a figura de Simeão e nos convida a nos dirigirmos à Casa do Senhor, pois lá vamos encontrá-lo e reconhecê-lo na fração do pão até que Ele volte.

Após a exortação, o celebrante principal abençoa as velas com a seguinte oração: "Deus, fonte e origem de toda luz, que *hoje* (grifo nosso) mostrastes ao justo Simeão a luz que ilumina as nações, nós vos pedimos humildemente: santificai estas velas com a vossa bênção, e atendei às preces do vosso povo aqui reunido. Fazei que, levando-as nas mãos em vossa honra e seguindo o caminho da virtude, cheguemos à luz que não se apaga". Há, ainda, uma segunda proposta de oração para as bênçãos das velas e que ressalta a atitude dos fiéis que comemoram, com a procissão, o encontro de Cristo, a luz eterna, com a nossa humanidade. Vejamos: "Ó Deus, luz verdadeira, fonte e princípio da luz eterna, fazei brilhar no coração de vossos fiéis a luz que não se extingue, para que, iluminados por estas velas no vosso templo santo, cheguemos ao esplendor da vossa glória". Depois de aspergir as velas com água benta, o celebrante recebe a vela preparada para ele e inicia a procissão dizendo: "Vamos em paz, ao encontro do Senhor". Durante a procissão poderá ser entoado o canto de Simeão ou outro apropriado que trate do tema da luz. Ao entrar na igreja, onde irá acontecer a Celebração Eucarística, entoa-se a antífona de entrada retirada do Salmo 47,10-11: "Recebemos, ó Deus, a vossa misericórdia no meio de vosso templo. Vosso louvor se estende como o vosso nome, até os confins da terra; toda a justiça se encontra em vossas mãos". Omitindo-se o ato penitencial, que foi substituído pela procissão, canta-se o Glória a Deus nas Alturas e, imediatamente, diz-se a oração do dia: "Deus eterno e todo-poderoso, ouvi as nossas súplicas. Assim como o vosso Filho único, revestido da nossa humanidade, foi *hoje* (grifo nosso) apresentado no templo, fazei que nos apresentemos diante de vós com os corações purificados". Mais uma vez a Igreja deseja a nossa inserção no mistério de Cristo: Jesus foi apresentado ao Pai para que, também nós, motivemo-nos a nos apresentar diante dele com o coração purificado.

Na primeira leitura encontramos a profecia de Malaquias 3,1-4, que traz a notícia do Senhor que virá a seu Templo. Ele, o Anjo da aliança, virá para purificar os filhos de Levi e refiná-los como o ouro e a prata. Purificados, poderão fazer ofertas ao Senhor. O Salmo 23, como resposta à leitura ouvida, mostra o modo glorioso da chegada do Senhor: "Ó portas, levantai vossos frontões a fim de que o Rei da glória possa entrar! [...]. O Rei da glória é o Senhor onipotente, o Rei da glória é o Senhor Deus do universo!". O trecho da Carta aos Hebreus 2,14-18 nos é apresentado como a segunda leitura e mostra Jesus se fazendo um de nós para poder livrar-nos do poder da morte, pois Ele próprio, tendo sofrido, poderá nos entender e socorrer os que sofrem. O Evangelho é, justamente, a perícope de Lucas 2,22-40, cujo canto de Simeão está nele inserido. Mostra a cena da Apresentação do Menino Jesus no Templo e seu resgate através do sacrifício feito pelos pobres: um par de rolas ou dois pombinhos. Nesse momento, impulsionado pelo Espírito Santo, chega Simeão e bendiz a Deus pelo Menino, pois Deus lhe havia revelado que não morreria antes de ver a salvação prometida para Israel. E Simeão dirá, profeticamente, para a Mãe: "Este Menino vai ser causa tanto de queda como de reerguimento para muitos em Israel. Ele será um sinal de contradição. Assim serão revelados os pensamentos de muitos corações. Quanto a ti, uma espada te transpassará a alma". Vemos, nesse trecho, a antecipação da hora de Jesus, a cruz, tendo a Mãe aos seus pés no momento em que nos redimia. Na mesma ocasião aparece a profetisa Ana, filha de Fanuel, que após sua viuvez, vivia dia e noite no Templo servindo ao Senhor. Ela, também, pôs-se a louvar a Deus e falar do Menino a todos que esperavam a libertação de Jerusalém. O trecho conclui-se com as seguintes palavras: "Depois de cumprirem tudo, conforme a Lei do Senhor, voltaram à Galileia, para Nazaré, sua cidade. O Menino crescia e tornava-se forte, cheio de sabedoria; e a graça de Deus estava com Ele". Sentimos, aqui, toda a humanidade de Jesus Cristo: um menino que crescia e se fortificava no seio de sua família em um local determinado. A oração sobre as oferendas lembra a da festa do Batismo do Senhor que traz a figura do Cordeiro sem mancha, a única oferta que agrada a Deus. A oração depois da comunhão pede a Deus podermos alcançar a vida eterna, no seguimento de Cristo, do mesmo modo como prometeu para Simeão, não consentindo que morresse antes de acolher o Messias.

Os textos da Liturgia das Horas vão nessa mesma linha da missa. Evocam nas antífonas e hinos a cena da apresentação do Senhor no Templo com partes tiradas do Evangelho do dia. O hino das Laudes, em todas as suas estrofes, evoca o tema da festa. Vejamos o texto:

Sião, na espera do Senhor,
Adorna o tálamo ditoso.
Na vigilante luz da fé,
Acolhe a esposa e o esposo!

Ó ancião feliz, apressa-te,
Cumpre a promessa da alegria,
Revela a todos a luz nova
Que para os povos anuncia.

Os pais ao Templo levam Cristo,
No Templo, o Templo se oferece.
E quem à lei nada devia,
À lei dos homens obedece.

Oferta, ó Virgem, o teu Filho,
Que é do Pai o Filho amado.
Nele oferece nosso preço,
Pelo qual fomos resgatados.

No ritual do sacrifício
Teu Filho, ó Virgem, oferece.
A salvação foi dada a todos,
Grande alegria resplandece.

Louvor a vós, ó Jesus Cristo,
Que hoje às nações vos revelais
A vós, ao Pai e ao Espírito.
Glória nos séculos eternais.

Observamos que na terceira estrofe se faz menção à conformação de Jesus à lei judaica. Ele, a quem nada devia, obedece à lei dos homens. A Virgem oferta seu Filho sem temor, pois Ele é também Filho do Pai eterno e através dele seremos resgatados.

Como fizemos ao refletir sobre a festa litúrgica do Batismo do Senhor, aqui também vamos apresentar as antífonas para os cânticos evangélicos que resumem teológica e liturgicamente o mistério celebrado:

| *Primeiras Vésperas:* | O ancião toma o Menino nos braços, Mas o Menino é o Senhor do ancião; Uma Virgem dá à luz ficando virgem E adora aquele mesmo que gerou. |

Laudes:	José e Maria levaram ao templo o Menino Jesus; Simeão recebeu-o e, tomando-o nos braços, Bendisse o Senhor.
Segundas Vésperas:	Hoje a Virgem Maria apresentou O Menino Jesus no santo templo. Simeão, impelido pelo Espírito, Recebeu o Menino nos seus braços E deu graças, bendizendo ao Senhor.

A rubrica da Liturgia das Horas para esse dia nos lembra: se a festa da Apresentação do Senhor cair em um domingo, terá as Primeiras Vésperas, e o referido domingo do Tempo Comum cederá o lugar à mesma, por ser uma festa do Senhor. Acontecendo em dias da semana, não terá Primeiras Vésperas.

Antes de concluirmos, escutemos as palavras do Santo Padre, o papa Bento XVI (parte da homilia proferida em 2 de fevereiro de 2006):

A hodierna festa da Apresentação de Jesus no Templo, quarenta dias depois do seu nascimento, apresenta diante dos nossos olhos um momento particular da vida da Sagrada Família: segundo a lei mosaica, o menino Jesus é levado por Maria e José ao templo de Jerusalém para ser oferecido ao Senhor (cf. Lc 2,22). Simeão e Ana, inspirados por Deus, reconhecem naquele Menino o Messias tão esperado, e profetizam sobre Ele. Estamos na presença de um mistério, ao mesmo tempo simples e solene, no qual a Santa Igreja celebra Cristo, o Consagrado do Pai, primogênito da nova humanidade. A sugestiva procissão dos círios no início da nossa celebração fez-nos reviver a majestosa entrada, cantada no salmo responsorial, daquele que é "o Rei da glória" (Sl 23,7-8). Mas quem é o Deus poderoso que entra no Templo? É um Menino; é o Menino Jesus, entre os braços da sua Mãe, a Virgem Maria. A Sagrada Família cumpre tudo o que a Lei prescrevia: a purificação da Mãe, a oferenda do primogênito a Deus e o seu resgate mediante um sacrifício. Na primeira leitura a liturgia fala do oráculo do profeta Malaquias: "Imediatamente entrará no seu santuário o Senhor" (Ml 3,1). Essas palavras comunicam toda a intensidade do desejo que animou a expectativa da parte do povo hebreu ao longo dos séculos. Entra finalmente na sua casa "o Cordeiro da aliança" e submete-se à Lei: vai a Jerusalém para entrar, em atitude de obediência, na casa de Deus. O significado desse gesto adquire uma perspectiva mais ampla no trecho da Carta aos Hebreus, proclamado hoje como segunda leitura. Nele é-nos apresentado Cristo, o mediador que une Deus e o homem abolindo as distâncias, eliminando qualquer divisão e abatendo todos os muros de separação. Cristo vem como novo "sumo sacerdote misericordioso e fiel no serviço de Deus, para expiar os pecados do povo" (Hb 2,17). Observamos assim que a mediação com Deus já não se realiza na santidade-separação do sacerdócio antigo, mas na obediência, que percorrerá até o fim. Ressalta bem isso a Carta aos Hebreus quando diz: "Quando vivia na carne, ofereceu [...] orações e súplicas [...]. Apesar de ser Filho de Deus, aprendeu a obedecer, sofrendo e, uma vez atingida a perfeição, tornou-se para todos os que Lhe obedecem fonte de salvação eterna" (cf. Hb 5,7-9). A primeira pessoa que se une a Cristo no caminho da obediência da fé provada e do sofrimento partilhado é a sua Mãe, Maria. O texto evangélico no-la mostra no gesto de oferecer o Filho: uma oferenda incondicional que a envolve em primeira pessoa: Maria é a Mãe daquele que é "glória do seu povo, Israel" e "luz que ilumina as nações" (cf. Lc 2,32-34). E ela mesma, na sua alma imaculada, deverá ser trespassada pela espada do sofrimento, mostrando assim que o seu papel na história da salvação não termina no mistério da Encarnação, mas se completa na amorosa e dolorosa participação na morte e na ressurreição do seu Filho. Levando o Filho a Jerusalém, a Virgem Mãe oferece-o a Deus como verdadeiro Cordeiro que tira os pecados do mundo: apresenta-o a Simeão e a Ana como anúncio de redenção; apresenta-o a todos como luz para um caminho seguro pela via da verdade e do amor [...]. Queridos irmãos e irmãs, como círios acesos, irradiai sempre e em toda parte o amor de Cristo, luz do mundo.

Como vemos na homilia do Santo Padre Bento XVI, o episódio da Apresentação do Senhor no Templo de Jerusalém resume a História da Salvação, da Encarnação até a Cruz, no mistério da redenção. E o papa conclui incentivando a todos nós, para que sejamos luz do mundo como os círios que foram acesos no início dessa celebração.

Mas como ser círios, no mundo hodierno, onde a condição das trevas parece dominar? A desintegração familiar, o hedonismo, o materialismo, a competição, a primazia do físico em detrimento do espírito. Tudo será resolvido se colocarmos Jesus Cristo como o centro das nossas vidas. Ele é a verdadeira luz, somente nele poderemos ser facho ardente e iluminar as trevas que tentam nos dominar.

Na prática, seremos luz à medida que O testemunharmos. E esse testemunho se dá pela nossa palavra e, sobretudo, na maneira de agir. A maior pregação acontece pelas atitudes. De que adianta termos belas palavras e não o exemplo? Os atos bons falam e levam o próximo à imitação dos mesmos.

Já encontramos o dualismo luz e trevas no princípio da Bíblia. Em Gênesis 1,2 Deus diz que as trevas estavam sobre a face do abismo. No primeiro dia da criação, Ele fez a luz e dividiu-a das trevas. E desde aí Deus continua a salientar a divisão entre luz e trevas. As trevas, portanto, correspondem à vida sem Deus. É interessante notar que a Bíblia começa em trevas, mas termina com o Senhor, a verdadeira luz (cf. Ap 22,5). Na Cidade Santa, o Cordeiro é a própria luz. Cristo veio como luz para que todo aquele que nele crê não permaneça nas trevas (Jo 12,46). Assim sendo, como filhos da luz não devemos ter comunhão com as obras infrutuosas das trevas, mas antes reprová-las pela luz (Ef 5,11-13).

É inseridos em Jesus Cristo que poderemos ser luz. Fora dele somos trevas e ramos secos sem vida, sem nada a transmitir. Vamos, portanto, atender ao pedido do Santo Padre Bento XVI: sejamos círios acesos, irradiando o amor de Cristo por onde formos.

Considerações finais

Chegando ao termo das nossas reflexões em torno do mistério da Encarnação do Senhor apresentadas liturgicamente pela Igreja no ciclo do Natal, vimos que nosso desejo, agora, tornou-se realidade. Escrevemos algo que poderá ajudar o Povo de Deus, sobretudo aquele engajado nas equipes paroquiais e diocesanas de liturgia. Um compêndio na linguagem simples, tratando, de modo pormenorizado, da celebração das vindas de Jesus Cristo e de suas primeiras manifestações em nossa história.

O primeiro capítulo desejou nos colocar em estado de vigilância para as três vindas de Cristo: na história, no final dos tempos e no dia a dia na pessoa do próximo, do sacerdote, nos sacramentos, em sua Palavra lida e meditada.

O segundo tratou da celebração do Natal nas quatro missas que lhe são próprias, demonstrando que as três primeiras apresentam um Natal histórico com dados bem precisos referentes a pessoas, horas e lugares, enquanto na Missa do Dia temos uma celebração totalmente voltada para o mistério da Encarnação do Verbo com a leitura do Evangelho do Prólogo de São João; um Natal mais teológico.

No terceiro, refletimos sobre a vivência do Natal com sua oitava, o Tempo do Natal antes e depois da Epifania, a solenidade da Epifania do Senhor e a festa de seu Batismo e de sua Apresentação no Templo de Jerusalém.

O leitor atento deve ter observado que, ao longo de nosso texto, fizemos algumas repetições no que concerne ao calendário e à teologia de algumas celebrações. Gostaríamos de justificar dizendo que foi proposital e com intenção pedagógica, a fim de que a aprendizagem ocorresse de maneira mais fácil, pela repetição, pois sabemos que são muitas informações e inúmeros detalhes.

Para que a celebração do ciclo do Natal seja mais frutuosa e possa nos motivar para uma maior aproximação do Senhor, daremos algumas pistas pastorais que poderão facilitar a compreensão litúrgica de algumas assembleias, sobretudo aquelas do meio rural que, muitas vezes, reúnem-se sem a presença do sacerdote.

1. O espaço litúrgico, durante o Tempo do Advento, deverá ser despojado, podendo ter uma decoração, desde que seja moderada, para não antecipar, logo, as alegrias próprias do Tempo do Natal. A cor para os paramentos do sacerdote, véu do sacrário (se for o caso) e decoração do ambão é a roxa. Sugere-se que a toalha do altar permaneça branca, visto que a Eucaristia é sempre o banquete do Senhor. Não há necessidade de colocar toalha roxa ou de outra cor, conforme o tempo litúrgico, em cima do altar, a não ser depois da Missa para proteger da poeira a toalha branca, própria para a celebração da Eucaristia. No Domingo *Gaudete* (3º Domingo do Advento), pode-se usar a cor rosa e colocar uma discreta decoração de rosas sobre o altar. Isso para já antecipar as alegrias natalinas que se aproximam. A Igreja deseja dar a seus filhos novo ânimo mesmo no meio desse tempo litúrgico. Esse domingo recebe o nome de *Gaudete* porque a antífona do introito da missa inicia-se com essa expressão, que significa "alegria".

2. Devem-se evitar cartazes no presbitério, ou mesmo frases com letras soltas, como também cartazes colados no altar. O lugar ideal para eles é o quadro de avisos no fundo ou nas paredes laterais do templo. O altar representa o próprio Cristo e, por si só, já comunica sua presença. A ornamentação ideal seriam as velas bem dispostas.

3. Poder-se-ia colocar em algum lugar do presbitério a coroa do Advento, desde que seja explicado o seu significado. Cada vela da coroa deveria ser acesa no domingo com um canto próprio e por pessoas da comunidade celebrante como, por exemplo, um jovem, um casal, um idoso, uma criança, o sacerdote, uma mulher grávida. É importante que tudo seja explicado para que se evite o mero aspecto teatral, pois não podemos esquecer que na liturgia a simbologia tem a finalidade de nos levar ao divino.

4. Sugere-se que na Semana Santa do Natal (de 17 a 23 de dezembro) as antífonas da aclamação ao Evangelho, as quais se cantam logo após o Aleluia, sejam como está indicada no Lecionário, pois são as mesmas antífonas Ó já indicadas para o canto do Magnificat nas Vésperas. Elas ajudam a Assembleia a fazer uma preparação imediata, mais frutuosa, para o Natal do Senhor, pois, além de invocarem os títulos messiânicos de Jesus Cristo, clamam pela sua vinda.

5. No Advento escatológico, os cantos para a missa deverão ser escolhidos levando em conta a teologia litúrgica para esse tempo, ou seja, que tragam os temas da vigilância, da segunda vinda do Senhor, do julgamento final. Somente no Advento histórico é que deveriam aparecer cantos mais ligados ao Natal como, por exemplo: Da Cepa Brotou a Rama; Como o Sol Nasce da Aurora; Salve Maria, Tu és a Estrela Virginal de Nazaré.

6. Seria oportuno que os salmos responsoriais fossem sempre cantados, sobretudo nas missas do Natal e em sua oitava.

7. Não deverá ser esquecido que a Oitava do Natal é festiva e, por isso mesmo, terá o canto do Glória todos os dias, até o dia 1º de janeiro.

Ao finalizar nossas reflexões sobre o ciclo do Natal do Senhor, tentaremos agora resumir toda a riqueza deste tempo com um canto que evoca a temática do Advento escatológico e outro que faz alusão ao Advento histórico. Fica a cargo de nosso leitor a distinção dos dois, que cremos, após a leitura de nossas linhas, está bem clara.

Canto 1
(Autor: Reginaldo Veloso)

Refrão: Eis que de longe vem o Senhor,
Para as nações do mundo julgar
E os corações alegres estarão,
Como numa noite em festa a cantar.

1. Do Egito uma videira
Arrancaste com amor;
Com cuidado replantaste,
Fundas raízes lançou
E por sobre a terra toda
Sua sombra se espalhou.

2. Mas, Senhor, o que fizeste?
Por que teu amor se agasta?
Derrubaste as suas cercas,
Todo mundo agora passa,
Cada um invade e rouba,
Quebra os ramos e devasta.

3. Senhor Deus, ouve, escuta:
Do teu povo é Pastor,
Do teu trono de bondade
Faz-nos ver o esplendor,
Teu poder desperta e vem,
Vem salvar-nos, ó Senhor!

Canto 2
(Hinário litúrgico)

Refrão: Como o sol nasce da aurora,
 De Maria nascerá
 Aquele que a terra seca
 Em jardim converterá.
 Ó Belém, abre teus braços
 Ao Pastor que a ti virá.
 Emanuel, Deus conosco,
 Vem ao nosso mundo, vem!

1. Ouve ó Pastor do teu povo,
Vem do alto céu onde estás!
Emanuel, Deus-conosco,
Vem ao nosso mundo, vem!

2. Vem teu rebanho salvar
Mostra o amor que lhe tens!
Emanuel, Deus-conosco,
Vem ao nosso mundo, vem!

3. Salva e protege esta vinha,
Foi tua mão que a plantou!
Emanuel, Deus-conosco,
Vem ao nosso mundo, vem!

    Ao escrever a presente obra acreditamos ter atingido o nosso objetivo inicial: apresentar, de maneira clara, a celebração do mistério da Encarnação do Senhor em todas as suas fases, favorecendo aos nossos leitores uma participação mais ativa e consciente nas celebrações litúrgicas desse período do ano, como também contribuir com as equipes de liturgia na preparação das mesmas.

    Que nosso Senhor Jesus Cristo, que veio, vem e virá, seja sempre o nosso consolo e guia enquanto caminhamos, na fé, para encontrar-nos com ele, quando voltar em sua glória.

Referências bibliográficas

BÍBLIA SAGRADA. Edição Pastoral. São Paulo: Paulus, 1990.

CNBB. *Hinário litúrgico da CNBB*; primeiro fascículo: Advento, Natal e ordinário da missa. 6. ed. São Paulo: Paulus, 2006.

CONCÍLIO VATICANO II. *Constituição Sacrosanctum Concilium, sobre a Sagrada Liturgia* do Concílio Vaticano II. 8. ed. São Paulo: Paulinas, 2002. Coleção Documentos Pontifícios, n. 26.

CONGREGAÇÃO PARA O CULTO DIVINO. *Liturgia das Horas*: Ofício das Leituras. São Paulo: Paulinas, 1982.

_____. *Missal cotidiano*; missal da assembleia cristã. 7. ed. São Paulo: Paulus, s.d.

_____. *Missal dominical*; missal da assembleia cristã. 7. ed. São Paulo: Paulus, s.d.

_____. *Oração das Horas*. Petrópolis/São Paulo: Vozes/Paulinas/Paulus/Ave-Maria, 2006.

SÃO BENTO. *A Regra de São Bento*. 2. ed. Juiz de Fora (MG): Mosteiro da Santa Cruz, 1999.

Sumário

Introdução 9
1. O Advento: preparação para as vindas de Cristo 13
   a) O Advento escatológico 16
   b) O Advento histórico 24
   c) O Santoral do Tempo do Advento 42
2. A celebração do Natal do Senhor 47
   a) As quatro missas do Natal 50
   b) A Liturgia das Horas 55
3. A vivência do Natal 63
   a) A Oitava do Natal 65
   b) O Tempo do Natal antes da Epifania 77
   c) A Epifania do Senhor 80
   d) O Tempo do Natal depois da Epifania 84
   e) O Batismo do Senhor 86
   f) A Apresentação do Senhor 92

Considerações finais 101

Referências bibliográficas 107

Impresso na gráfica da
Pia Sociedade Filhas de São Paulo
Via Raposo Tavares, km 19,145
05577-300 - São Paulo, SP - Brasil - 2016